CW00485484

Colección Teatrología
dirigida por Osvaldo Pellettieri

Cuando leas todo este
libro o te aburras de él,
hace tokorré. No le vaya
que a dejar en coma (o
punto y coma?) en tu
biblioteca o tu mesita
de luz (?)

Colección Teatrología

Director
Osvaldo Pellettieri (Universidad de Buenos Aires, CONICET)

Consejo Editor
Mirta Arlt (Universidad de Buenos Aires)
Eugenio Barba (ISTA)
Marco De Marinis (Universidad de Bologna)
David William Foster (Arizona State University)
Karl Kohut (Katholische Universität Eichstätt)
David Lagmanovich (Universidad Nacional de Tucumán)
Jorge Lavelli,
Mario Rojas (The Catholic University of America)
José Varela (University of Alberta)
George Woodyard (University of Kansas)

Espacio escénico y lenguaje

David William Foster

Espacio escénico y lenguaje

Galerna

Ilustración de Tapa: Juan Balaguer

I.S.B.N.: 950-556-380-9

© 1998 by Galerna S.R.L.
Charcas 3741, Buenos Aires, Argentina.
Derechos reservados para todos los países e idiomas.
Prohibida la reproducción total o parcial sin autorización de los editores.
Queda hecho el depósito que dispone la ley 11.723.
Edición al cuidado de: Iguana Producciones Gráficas 432-5289
Impreso en Argentina.
Printed in Argentina.

PREFACIO

[O]ne interested in politicizing elements of a social formation will find spatial practices more resistant than discursive practices to contestation. . . .

   While much of "social space" –the practices through which locations are formed and provide the implicit context for human relations (discursive and otherwise)– remains uncontested, there are arenas within which contention is invited. Of interest here are those domains constructed especially for purposes of affording critical reflection on the other nonreflective domains of human interaction, and perhaps the most venerable of these is the theater. (Shapiro 5)

Hay dos realidades inapelables del teatro: se trata de la configuración de un espacio concreto y, salvo en los casos más extremos de algún tipo de teatro marginal al canon, se trata de una institución cultural que se tensa sobre el habla articulada. Sin embargo, si bien hay una extensa bibliografía sobre la evolución de los foros espaciales concretos del teatro, como paradigma nuclear de un sentido de base de lo dramático, y reconocidas ciertas investigaciones sobre la ingerencia de la dimensión sociolingüística en el teatro (e.g., Fischer-Lichte), se carece en absoluto de un programa de investigación sobre la intersección entre lenguaje y espacio teatral que ausculte las recíprocas relaciones entre la materialidad concreta del escenario y las dimensiones del habla humana que se conjuran allí. Por ejemplo, uno de los libros teóricos más fundamentales sobre el teatro –*The Semitoics of Theatre and Drama* de Keir Elam–, apenas alude a manifestaciones lingüísticas más allá de comentarios someros, y nada tiene que decir respecto a la variación sociolingüística. De la misma manera, la mejor recopilación en castellano sobre las dimensiones teóricas del estudio teatral, *Semiótica del teatro; del texto a la puesta en escena* de Fernando de Toro, no se ocupa en absoluto del lenguaje, ni a nivel del texto, ni al nivel de la puesta en escena. De hecho, tradicionalmente las únicas consideraciones sobre teatro y lengua se encuentran dentro del contexto de la formación ortolingüística del actor y los registros académicos y normalizadores que caracterizan a uno y otro género del teatro. La atribución de algún "estilo" determinado a un cierto tipo de personaje dentro del teatro clásico, es ya un paso hacia un examen de la mediatización sociolingüística, pero desafortunadamente, con las formulaciones históricas y convencionales, no trascienden la gruesa diferenciación entre "graves", "mediocres", y "humildes", categorías que tienen que ver más con hipostatizaciones sociales que con los procesos semióticos del texto, sea el texto la pieza dramática o sea el evento teatral.

Al respecto, las cuestiones que habría que formularse tendrían que ver con cómo se conjuga el espacio humano evocado y el específico decir sociolingüístico, cómo se puede matizar éste para arrojar una reflexión sobre la problemática del espacio vital conjurado y cómo se manipula el valor documental del habla de los personajes dramáticos al insertarse conflictivamente en la realidad histórica que pretende ser el teatro como práctica cultural. Partimos del reconocimiento de un criterio rector que estimamos decididamente cuestionable y abierto a múltiples revisiones teóricas: el hecho de que el realismo que prima en el teatro (y hasta en aquellas renovaciones vanguardistas que se configuran superrealistas), por lo menos el criterio de una exposición razonablemente realista del cuerpo humano, de la cual el lenguaje viene a ser un rasgo tanto dominante como distintivo, asegura que el habla de los personajes, no importa cuan estilizada sea (excepción hecha del rasero antinaturalista de cierto teatro vanguardista), tenga, de alguna manera, una validez sociolingüística.

Los ensayos que se juntan en este estudio distan mucho de ser una historia del teatro latinoamericano organizado desde la perspectiva de la sociolingüística. Más bien, pretenden ejemplificar un programa de investigación en el que enfocarse sobre la materialidad del habla en el escenario, aporta otra dimensión de conocimiento referente a los procesos de significación de la obra teatral. Dicho conocimiento se distribuye a lo largo de todos los ejes pertinentes del teatro como producción cultural, desde cuestiones de índole temática hasta la obra como un gesto interpretativo del texto social, hasta una auscultación en el papel del teatro en un proyecto de semiosis social. Lejos de aspirar a un análisis pormenorizado de los datos sociolingüísticos que pueda arrojar el decir de un personaje, este abordaje al tema se ciñe más bien a propuestas de investigación sobre el funcionamiento del habla y del discurso como portadores de significado sociohistóricos, y sobre como tales rasgos se codifican en la producción de significados culturales a partir del teatro.

Capítulo I
LA CUESTION DE LA LENGUA
EN EL TEATRO CHICANO

Les cantaré un corrido
de todos los deportados,
que vienen hablando inglés
y vienen de desgraciados. [...]
Por eso yo me quedo
en mi patria querida, México es mi país
y por él doy la vida.
(*Los deportados*, citado en Castañeda et al. 232-233)

Los desarraigados, de J. Humberto Robles

Uno de los aspectos más lamentables de la experiencia chicana en los Estados Unidos es la discriminación por parte de mexicanos en contra de los chicanos —sean estos de primera generación o residentes del suroeste desde antes del tratado de Guadalupe Hidalgo (1848)—. Los mexicanos nacionales, especialmente aquellos que aceptan con profunda convicción la identidad nacionalista, étnica y racial promovida por la ideología hegemónica posterior a la Revolución de 1910, ven con preocupación el hecho histórico de que la mitad del territorio de México pasara a formar parte de los Estados Unidos en 1848 y que millones de individuos con la posibilidad de reclamar la identidad mexicana (sea esta auto-asignada o impuesta como una designación anglo de la Otredad) vivan en el suroeste americano —y ahora, en realidad, en todo Estados Unidos—. Tanto aquellos que continúan la diáspora mexicana en busca del sueño americano y de oportunidades económicas y sociales que no encuentran en México, a pesar de las promesas de la ideología hegemónica, como aquellos otros que se convirtieron por la fuerza en ciudadanos americanos, con estatus de segunda clase, frecuentemente han sido caracterizados como traidores a los ideales de la mexicanidad. Condicionados por el odiado Norte –la Revolución derrocó al dictador Porfirio Díaz, pero no eliminó su famoso dicho "Pobre México, tan lejos de Dios y tan cerca de los Estados Unidos"– tanto los méxico-americanos "históricos" como los recién llegados de México han tenido que defenderse no sólo de los cargos de ser menos americanos, sino también de ser, de alguna manera, mexicanos deficientes, e incluso de no ser mexicanos. Aquellos que regresan a México (como es también el caso de todos los latinoamericanos que regresan a su país de origen) sufren a menudo de alguna forma de discriminación por haberse desmexicanizado y haberse americanizado.

Octavio Paz, quien fue lo suficientemente sutil para no caracterizar al méxico-americano de California como mexicano deficiente, no obstante, en un legendario ensayo sobre la identidad mexicana en *El laberinto de la soledad*, escribe sobre el pachuco, ese joven "rebelde sin causa" que a menudo fue causa de vergüenza, al menos para los miembros más acomodados o conservadores de la comunidad méxico-americana, quienes sentían que el *zoot-suitor* acarreaba una innecesaria atención hacia la comunidad: "incapaces de asimilar una incivilización que por lo demás, los rechaza, los pachucos no han encontrado más respuesta a la hostilidad ambiente que esta exasperada afirmación de su personalidad" (13). Con un énfasis en el espacio sociohistórico ocupado por los méxico-americanos caracterizados en su propio lenguaje con el brutal adjetivo de *pochos* (un apodo dirigido a las masas mestizas por la élite social "hispana" que se llamaba a sí misma "española", con el fin de defenderse de la discriminación general de la cual eran también víctimas), Paz caracteriza al pachuco como doblemente *chingado*: si el mexicano de México es chingado en virtud de circunstancias históricas de la experiencia nacional, el pachuco es chingado en un segundo grado en virtud de la repetición de esa experiencia histórica en el contexto de la discriminación racial americana. Por lo tanto, la provocación y la violencia internalizada de los pachucos, así como la violencia que provocan en el anglo debido a la violencia que proyectan, son la más elocuente representación de la condición del *chingado*, circunstancia sobre la cual Paz no parece abrigar esperanzas de superación, eliminación o trascendencia.

En realidad no se requiere una extensa revisión del papel de los chicanos en la literatura histórica y social mexicana para darse cuenta de que las sutilezas intelectuales de Paz se desvanecen rápidamente en los discursos de aquellos de menor poder intelectual (ver por ejemplo la respuesta de Carranza al análisis de Paz). Incluso Carlos Fuentes, quien pasó buena parte de su niñez en los Estados Unidos y que continuamente se promueve como el vocero del entendimiento binacional, no estuvo muy por encima del estereotipo fácil en *La región más transparente* (1958): como signo de su bienestar económico, Gabriel regresa del Norte al barrio bajo donde vive su familia, en la Ciudad de México, cargado con las últimas novedades en electrodomésticos, olvidando que las casas de los barrios bajos no cuentan con el servicio de energía eléctrica (se podría hacer otra referencia a la obra *Los motivos de Caín* [1957] de José Revueltas relativa al servicio militar de los chicanos en Estados Unidos; ver Bruce-Novoa para una discusión de otros autores mexicanos).

La literatura chicana está llena de personajes y situaciones en los que mexicanos ven con desdén la corrupción de los valores mexicanos en el contexto del Norte, o donde los personajes chicanos sufren discriminaciones por parte de "verdaderos" mexicanos así como de sus amos anglos. Tal vez una de las consecuencias felices del Tratado de Libre Comercio será no sólo un mayor respeto por parte de los anglos para con los mexicanos y méxico-americanos, sino también una mayor sensibilidad por parte de los mexicanos hacia la experiencia méxico-americana y sus considerables esfuerzos para mantener una cultura hispánica legendaria frente a un sinnúmero de presiones que han contribuido a socavar, reprimir y oprimir todo lo que no sea genuinamente anglo.

Es en el contexto de estas consideraciones que la obra *Los desarraigados* de J. Humberto Robles (1921-?) ejerce una fascinación casi mórbida sobre la audiencia contemporánea. Esta obra fue escenificada por primera vez en 1956 en un teatro oficial y publicada seis meses después por el Instituto de Bellas Artes de México. Tal vez se pueda considerar injusto concentrarse en este texto: después de todo tiene más de cuarenta años y fue escrito por un dramaturgo sin niguna distinción particular. Sin embargo, el hecho de que la obra ganó el premio "El Nacional" en 1955, puede tomarse como un indicio de que existían en México sentimientos encontrados hacia los chicanos. Antonio Magaña Esquivel, el más importante crítico teatral de la época, escribió en *El Nacional*, el periódico patrocinador del premio que ganó Robles, que:

> *Los desarraigados* muestra no sólo un asunto que afecta íntimamente a México, sino una habilidad y una fuerza de composición de buen dramaturgo; sin grandes alardes nacionalistas, sin caídas ni exaltación discursiva, Robles plantea el drama de la población mexicana que radica en las poblaciones del sur de los Estados Unidos, los desarraigados de México por diversas causas siempre lamentables, que ni allí logran fundirse totalmente a un medio y a un temperamento extraños, ni

aquí tratan de encontrar sus auténticas raíces. Son los "pochos", gente
un poco al garete, desorientados, indecisos o indefinidos. (reproducido
en apéndice a Robles 159).

Hasta donde sé, esta obra ha sido objeto de escasa mención en la crítica
teatral académica. No obstante, mi interés en la obra está motivado por su
producción en el área de Phoenix en 1992 por un grupo de teatro chicano,
Teatro Hispano de Friendly House (dirigido por Luis Mier), y por el asom-
bro que me produjo que un grupo teatral chicano estuviera interesado en
montar una obra con un mensaje tan despectivo sobre la experiencia chicana, sin plantear un comentario metateatral (v.gr., una producción de *El
mercader de Venecia* por parte de un grupo teatral judío o la producción de
Othello por parte de un grupo afro-americano), así como por el hecho de
que un público chicano hubiera estado dispuesto a aceptar esta imagen de
su historia social sin evidente indignación. No cuento por el momento con
una explicación de estos acontecimientos, más allá de considerar que debido a la antigüedad de la obra, el público contemporáneo no puede identifi-
carse con su ideología política. Tal vez la manera en que *Los desarraigados*
aborda el omnipresente asunto de la desintegración familiar y la alienación
del joven fuera el atractivo principal de la producción en Phoenix, de tal
manera que la dimensión de las relaciones mexicanas/méxico-americanas
que sustenta fueron opacadas por la inmediatez de los problemas de la
familia Pacheco, tan pertinentes en los 90 como lo fueron en los 50.

No obstante, lo que me gustaría hacer en este ensayo es restaurar la
ideología política central de la obra y abordarla a través de la imagen del
lenguaje español tal como es representado en el microcosmos del espacio
escénico de *Los desarraigados*. La obra de Robles se enfoca en la familia
Pacheco, una figura de la típica familia americana de los años de la segunda
posguerra: un padre trabajador (empleado de hotel con horario nocturno),
una madre cuya vida se centra en la satisfacción de las necesidades de su
esposo e hijos, y tres adolescentes rebeldes, una hija inmersa en el consumis-
mo de la cultura contemporánea, intensificado por la emergencia de los
medios masivos de comunicación (la radio, la música popular, las revistas
de amplia circulación y el cine), y dos hijos que sufren la castración del
macho excluido en la sociedad americana, de tal suerte que uno se vuelve
un traficante de drogas en pequeño y el otro alcohólico. En esta especie de
"estudio de caso" de los márgenes del sueño americano, escrito en el lenguaje de la marginación chicana, aparece Elena, una mujer joven y elegante
de la Ciudad de México. Elena se encuentra de viaje por los Estados Unidos
cuando su automóvil se descompone frente a la casa de los Pacheco. Cuando llega a la puerta a pedir ayuda, entra en un dominio mexicano totalmen-

te ajeno a la vida de clase media alta, urbana, cómoda e independiente que lleva consigo al umbral de esa casa.

Cautivada por la familia Pacheco y encantada con el sincero afecto de la madre (Aurelia), Elena, en una dramática suspensión de la incredulidad, permanece en el hogar de los Pacheco con el fin de atestiguar su creciente desintegración. Al final de la obra, cuando Alicia afirma su "liberación" de la mexicanidad al casarse con un anglo; cuando Jimmy, una combinación de pachuco y *hipster* anglo, se hunde en el alcoholismo y es buscado por la policía por robo, y cuando Pancho, el padre, pierde su oportunidad de convertirse en gerente del hotel donde trabaja por los problemas de su hijo con la ley, Elena se aleja indiferente de la aventura familiar de los Pacheco y anuncia su regreso a México, hace las maletas y se va, dejando a su familia adoptiva méxico-americana hundiéndose en las arenas que le imponen su necesidad histórica.

Desde un punto de vista mexicano, Elena se lava las manos de "los Pacheco" del suroeste americano; desde un punto de vista méxico-americano, Elena los abandona a su fatalidad, totalmente desprovistos de la mexicanidad que ella graciosamente les confirió durante su breve estancia con la familia como hija honoraria y como venerado símbolo —especialmente para el padre— de los perdidos —o, al menos, erosionados— orígenes culturales y su concomitante promesa de dignidad y felicidad en un contexto de valores comunales compartidos. La desaparición de Elena es menos el sacrificio de la mexicanidad al monstruo americano, que el repudio del bastardo méxico-americano por la ley patriarcal de una cultura mexicana sedicente auténtica, representada tanto por Elena como por la vaga imagen del padre con quien mantiene comunicación por vía telefónica y a quien debe regresar al final, desentendiéndose del dilema de los Pacheco. Es decir, la obra de Robles es tanto una separación del mexicano del méxico-americano (quien vivirá más y más la pesadilla *americana* de la sociedad estadounidense de la posguerra) como la expulsión del méxico-americano de la mente del mexicano. Es como si la modernización de México después de Lázaro Cárdenas diera la espalda a la ideología panmexicana (la vasconceliana mitología de la raza cósmica y sus derivaciones) y, bajo la pragmática capitalización de un México desocializado en los 50, como si ya no hubiera lugar en sus dinámicas estructurales para el compromiso con los mexicanos "perdidos" de la diáspora del Paso del Norte (cf. Maciel 108-221; Acuña 269-272).

Los principios ideológicos que he identificado en *Los desarraigados* de Robles surgen a través de la representación de ciertos parámetros sociolingüísticos dentro de los confines claustrofóbicos de la sala de los Pacheco, el único escenario de la obra. Este espacio, como uno podría esperar de la clase de representación neo-realista en la que se basa la obra, deja poco lugar para la imaginación re-creativa. Es exactamente lo que pretende ser en los atrozmente precisos detalles de su decoración: un pobre pero inequívocamente decente, mexicano pero distintivamente americanizado, espacio de reunión para individuos emocionalmente marcados y para quienes el uso y desgaste de ese ámbito común de reunión es un objetivo correlativo de sus vidas:

> Toda la acción tiene lugar en la sala de la familia Pacheco. La casa es de madera, de esas que se construyen en serie y que forman el prototipo de los hogares americanos de clase media. [...]
> Un sofá, una mecedora, un sillón de descanso, una mesa de centro de revistas, otra con lámpara y algunos objetos decorativos, adquiridos en tiendas de cinco y diez centavos, complementan el decorado de la habitación, en la que predomina un gusto heterogéneo. Sobre una de las paredes y de manera bastante visible, cuelga una imagen de la Virgen de San Juan de los Lagos. (13)

Los términos operantes aquí, como casas producidas en serie, una poltrona del mismo tipo, chucherías diversas, sirven para referirse a un prototipo americano y a una imagen del gusto extraída de las tiendas de cinco y diez centavos, que contrasta con la presencia del icono de la Virgen. Incluso antes de que empiece la acción dramática, el espacio teatral de la obra marca el conflicto cultural que constituirá su principio organizador.

El traslapo de códigos lingüísticos en *Los desarraigados*, tan característico de la narrativa chicana, especialmente aquella escrita durante ese período, es tanto una metonimia de este espacio y el conflicto allí representado, como el espacio es una metonimia de ese traslapo. Antes que nada establezcamos el evidente principio psicolingüístico según el cual cada individuo encarna un código lingüístico específico: esto es lo que entendemos por el término ideolecto. Sin embargo, para los fines de un texto cultural, hay una necesaria subdiferenciación de ideolectos en favor de diferencias marcadas que contribuyen a los procesos semióticos de la obra. Cinco códigos lingüísticos separados se intersectan en el dominio teatral establecido en la obra de Robles; propongo que estos códigos se consideren de primera importancia en un drama de conflicto bicultural.

El primer código puede caracterizarse como un habla citadina, cultivada, contemporánea; este es el español hablado por Elena, y sirve para plantear un corte fundamental en el espacio sociocultural de *Los desarraigados*: la diferencia radical entre la mexicanidad de *allá*, de México, y, paradigmáticamente (especialmente con el incremento de la urbanización del país de 1950 en adelante) de la Ciudad de México, y la mexicanidad de *aquí*, una ciudad insignificante en alguna parte del suroeste norteamericano. Cualquiera que sea el primer código, no necesita hacer nada para establecer su primacía, pues nunca se cuestionará que el español de aquí es un lenguaje perdido y bastardo condenado a una diferencia insuperable frente al español que habla Elena. Cuando Elena llega a la puerta de los Pacheco, se enfrenta con dos adolescentes, una que confiesa que no habla español (43-44) y el otro que parece hablar español, pero a quien Elena no puede entender:

> JIMMY.–Cualquiera diría que es usted bolilla.
> ELENA.–que soy qué?
> JIMMY.–Bolilla... Ni parece chicana.
> ELENA.–qué es bolilla, y qué es chicana?
> JIMMY.–Bolilla?... Pos amerecana [*sic*]. (45)

A diferencia del español hablado por Jimmy, Elena habla lo que cualquier profesor de español aceptaría como un ejemplo de norma culta. Puede hacer uso del vocabulario contemporáneo de acuerdo con su estatus de mujer citadina independiente, pero sin cruzar nunca el umbral que separa las convenciones lingüísticas, y por lo tanto sociales, de lo ordinario.

El habla de Jimmy, por el contrario, es precisamente un ejemplo del Otro lingüístico que el español de Elena busca contener y excluir, a lo largo de un eje mexicano vs. chicano y a lo largo de un eje de lo aceptable vs. lo inaceptable. El español *pocho* de Jimmy es una mescolanza (visto desde la *norma* encarnada por Elena) de arcaicos regionalismos (un español del norte de México anticuado que es ya inferior a la norma, incluso antes de que se caiga del otro lado de la frontera del suroeste norteamericano), solecismos complementados desfavorablemente por recursos discursivos limitados (vocabulario y estructura de la oración), de tal manera que él difícilmente puede sostener una conversación en español. He aquí la marca fatal del pocho, un discurso aderezado con calcos del inglés poco afortunados y escasamente asimilados al español.

Si Alice (y no precisamente Alicia), atrapada en el mundo americano de la radio, las canciones populares y revistas de cine, escasamente habla español y probablemente sólo entiende una conversación construida con oraciones simples, Jimmy (un nombre probablemente pronunciado en español, pero que no obstante reemplaza de manera contundente el que debe haber sido un nombre español en el bautismo), es la caricatura de la peor pesadilla mexicana de la degeneración del español del "otro lado".

Las circunstancias sociales de Estados Unidos en los años de la posguerra y la creciente marginación social del chicano —en el contexto de los

enormes cambios y concomitantes dificultades experimentadas por la sociedad norteamericana– dejan una profunda huella en las comunidades sub-
alternas como la méxico-americana. El evidente primitivismo del español
de los hijos de Pacheco en contraste con la superioridad "natural" –y esencialmente inconsciente– de las expresiones lingüísticas, es un índice de los
conflictos engendrados en los 50 y que se reencauzarán en la próxima
década, en términos del *brown pride*, la singularidad del mito de Aztlán y la
distinción lingüística chicana. Así, el mundo de *Los desarraigados* sólo puede ser el de una carencia multifacética: carencia de identidad, carencia de
poder y carencia de lenguaje, todo en el contexto, como Magaña Esquivel
lo dijera, del fracaso de encontrar sus "auténticas raíces" en México.

Es interesante hacer notar que, por cuanto se haya dirigida a un público
de la Ciudad de México no familiarizado con el español pocho, el diálogo de
los tres hijos se encuentra notoriamente libre de anglicismos. Se trata de
un compromiso artístico necesario y una desviación de los hechos sociolingüísticos, que, de una manera más bien perversa, confirma que *Los
desarraigados* es una versión mexicana de la realidad chicana mediada por
todas las limitaciones del virtual público de la Ciudad de México (empezando por el insuficiente conocimiento lingüístico para acceder a esa realidad
en términos estrictamente documentales).

Los padres de Alice, Joe y Jimmy ejemplifican códigos intermedios que
divergen radicalmerte. Aurelia, como una manifestación de su doble marginación como mujer y como méxico-americana, habla un español esencialmente fluido y adecuado, de una manera autocontenida, para sus necesidades expresivas. En términos sociolingüísticos, utiliza con abundancia calcos del inglés, pero sin usar el slang de sus hijos varones o las inestabili-
dades normativas que son el producto de una insuficiente formación en el
lenguaje. Su registro puede estar marcado por lo que la norma de la Ciudad
de México considera solecismos y vocabulario limitado, pero no puede haber duda sobre su dominio básico del idioma español que para ella sigue
siendo su lengua nativa.

El español de Aurelia se ve reforzado por el contacto con una generación más vieja, por la iglesia y otros espacios culturales en los cuales es
posible encontrar usos flexibles del lenguaje (canciones tradicionales, dichos, y tal vez, incluso algo de poesía y prosa narrativa), y contactos espo-
rádicos con parientes que viven en México. Algo de esta tradición lingüística transmitió a sus niños cuando eran criaturas, antes de que la escuela y la
calle los alejaran definitiva e inapelablemente de la lengua materna (Barker). El nexo que se establece entre Elena y Aurelia es por supuesto, el de
mujer a mujer, un nexo (sustituto) hija-madre. Pero hay también una especie de continuidad en un nivel más profundo entre ellas sobre la base de un

español compartido que, desde el punto de vista de Aurelia, aún no ha sido agobiado por la realidad del pachuco/*pocho* o, desde el punto de vista de Elena, funciona en un nivel anterior a los sofisticados agregados de su vida urbana. Aunque, como en el caso de todos los personajes de *Los desarraigados*, Aurelia no puede ser más que la estereotípica martir maternal mexicana, y vale la pena mencionar que su español es el único que con todo y las huellas inferiores a la norma, tiene lo que podríamos llamar una coherencia subjetiva.

En contraste, el español de Pancho Pacheco apunta en tres direcciones sociolingüísticas al mismo tiempo. Está de más decir que Pancho ejemplifica el espanto de una generación más vieja —para enfatizar nuevamente los antecedentes sociohistóricos de la obra— ante los conflictos generados en los méxico-americanos por el racismo de la posguerra en los Estados Unidos de los 50. Como consecuencia, no hay cabida para su suscripción a un código pachuco o para internarse en la tierra de nadie del *pochismo*. Sin embargo, Pancho se mueve en un mundo social desprotegido del ruin, pero reconfortante, ámbito hogareño (disponible para Aurelia), como un empleado en el mundo anglo. Pancho, más que cualquier otro en la obra, está expuesto a la dominación del inglés en todas sus manifestaciones de poder social, económico y político, las que sus hijos, en los márgenes de la vida americana, no han experimentado aún. La resistencia de Pancho al mundo del inglés anglo se verifica en su movimiento entre dos códigos. Por una parte, comparte el reino del discurso humilde cuyo centro es Aurelia y la continuidad de su lengua materna. Pero, por otra parte, Pancho dispone para sí de un registro estilístico masculino al que Aurelia no puede acceder y que, por lo tanto, la excluye de las posibilidades de aspirar a un dominio discursivo más alto. Este dominio discursivo más alto es el de un registro de expresión florido, netamente formalista y esencialmente fosilizado, que tiene sus raíces en las rigurosas demandas de la antigua esfera pública. En ésta, la posición social de un individuo era inmediatamente discernible por el control que *él* ejercía sobre las sutilezas de la expresión como fórmula estilística compleja. La reacción de Pancho a la llegada de Elena es recurrir a este discurso del hombre público culto, aunque por supuesto, tal discurso, a pesar de sus orígenes en un nivel de privilegio social, es totalmente disonante con el español urbano y desenfadado del que ella, en cuanto mujer de ciudad, echa mano. Además, y a riesgo de ridiculizar a Pancho, Robles hace de la mayor parte de su diálogo una difícil mescolanza de la dicción coloquial chicana y del pretencioso discurso del caballero cortés:

> PANCHO.—¡Pero qué molestia ni qué nada! si pa' nosotros es una satisfacción muy grande tenerla entre nosotros y poderle enviar nuestra hu-

milde cena, que onque pobrecita, se la ofertamos con mucho corazón.
[...] ¡Bueno! Pos si no le gusta el cuarto, después la llevamos a otra
parte; pero orita usted es mi envitada y usted se queda. Así que, espero
nos merezca el honor de su compañía, que nos agrada, nos cuadra
y...y... [...] (62-63)

Finalmente, los múltiples registros lingüísticos del español del hogar de
los Pacheco están perturbados –o sobrepuestos– por el inglés con pretensiones sociales de la radio/televisión de principios de los 50, con sus manifestaciones colaterales en canciones populares, películas, revistas y cultura
de masas en general. Como ya lo señalé anteriormente, *Los desarraigados*,
como consecuencia de haber sido pensada para un público de la Ciudad de
México, no puede valerse en mayor grado del inglés, ni como lenguaje ni
como substrato del español americanizado de la familia Pacheco. No obstante, el inglés que se escucha de fondo es uno de los indicios más palpables
del hecho de que los Pacheco viven en la sociedad americana y no en la
mexicana. La primera voz hablada en la obra es la de un anunciador de una
emisora de Corpus Christi. Aunque habla en español, sus referentes son de
la cultura norteamericana: un corte publicitario para bonos de guerra y un
pie para "Don't Step on My Blues Suede Shoes" (15). Cuando suena el
teléfono, Alice contesta en inglés (16), y luego hace un comentario a Jimmy acerca de un artículo sobre Marilyn Monroe que lee en una revista:
"Ya vistes esto de Marilyn Monroe?...Gee! ...Con ese shape sí que podría
pescar un millonario..." (16).

En una obra chicana –digamos, *La conquista de México* de Luis Valdez o
La víctima del Teatro de la Esperanza– uno esperaría encontrar una densa
red de cambios de código: diálogos completamente en español o completamente en inglés, alternando con diálogos que dentro del inglés fluctúan
sobre la base de disparadores socioculturales que controlan el complejo
bilingüismo. Ya que *Los desarraigados* no puede representar cabalmente el
cambio de código chicano –teniendo que construir la imagen de diferencia
entre el dominio lingüístico de Elena y el de los Pacheco a partir de los
detalles de lo urbano moderno vs. lo provincial arcaico– el peso omnipresente del inglés dentro y alrededor del hogar de los Pacheco (microcosmos privado en el cual se representa la experiencia chicana) debe ser
representado por implicación. Ya me he referido a la panoplia de los medios masivos a través de los cuales viven los tres hijos de manera esencial.

En otro nivel, Pancho aspira a ser administrador general del hotel Harlington donde ha trabajado durante veinticinco años, puesto que pierde
frente a un "americano que estuvo en el servicio" (148). Aunque nunca se
menciona de manera explícita, la implicación es que –después de veinticinco

años en el hotel, y como una de las razones por la cual él puede aspirar al ascenso– Pancho debe de hablar muy bien el inglés: esta esfera nunca vista, un espacio público, encarna la arena pública del inglés como idioma dominante frente al dominio privado del hogar de los Pacheco y su español tradicional. En otro texto esta disyuntura podría haber sido evidenciada de manera clara con la introduccion de un compañero de trabajo o un superior del hotel Harlington, permitiendo ver al espectador qué tan bien habla inglés Pancho y demostrando al mismo tiempo el débil dominio de Elena del código lingüístico.

Alice, Joe y Jimmy por supuesto se mueven en ámbitos en los que el inglés predomina, empezando por su experiencia escolar, que en aquella época incluía el castigo corporal por hablar español. Además, Joe ha prestado servicios en el ejército. Los tres son, por lo tanto, expertos en el inglés popular, y aunque pueda intersectar al español de muy diversas maneras, es el inglés el modo fundamental de su experiencia cotidiana. Ellos llevan el inglés a su casa. Aunque no puede convertirse en el medio de comunicación principal entre ellos, por el tipo de público de la obra de Robles, siempre sabemos de su presencia, de una manera virtualmente amenazante, como por ejemplo cuando Aurelia escucha por casualidad a su hija quien fuera de la casa, le suplica en inglés a su novio que no se tome libertades sexuales con ella (103). Aurelia reacciona violentamente en español; "¡Alice!... ¡Métase pa' dentro!" (103). Al final de la obra, cuando Jimmy ha sido detenido por la policía, la cara más peligrosa del inglés se convierte en una realidad para los Pacheco.

El impacto particular de la obra de Robles sobre el público mexicano, en tanto representación de los conflictos sociales de los chicanos en una sociedad anglo alienante, está dado por la presencia, en calidad de testigo, de Elena. A través de ella, el público accede al hogar de los Pacheco y a los problemas que abriga. La cultura chicana debería de haber sido en gran medida mucho más ajena a las audiencias clasemedieras de la Ciudad de México en los 50 que la sociedad anglo de los Estados Unidos, por todas las oportunidades que crearon para la internacionalización de la cultura popular mexicana y el consumo extranjero, principalmente a través de las películas. Elena entra en un mundo extraño que sólo superficialmente se traslapa con el suyo en términos lingüísticos y costumbres cotidianas. Aunque un profundo nexo personal se forja entre ella y los Pacheco, incluso se llega al grado de un romance entre ella y Joe, recibe una llamada de su padre, la más alta autoridad patriarcal de la sociedad mexicana, que le hace saber que tiene que regresar a su propio mundo. La partida de esta agente de verdadera mexicanidad, de quien los miembros de la familia han llegado a depender –Aurelia, porque no es una hija rebelde; Pancho, porque representa una

recuperación de la "auténtica cultura mexicana"; Joe porque se está ena-
morando de ella– corresponde al momento de su peor crisis: la detención
de Jimmy, la pérdida del ascenso de Pancho y su subsecuente borrachera y
la inmersión de Joe en el alcoholismo.

El mensaje es inapelablemente claro: México no puede asumir ninguna
responsabilidad por la sociedad chicana, y Elena no tiene nada que hacer
sino irse, regresar al dominio paternal, a una sociedad mexicana no conta-
minada y a un español incorrupto; "Adiós... y gracias por todo. [...] Joe?...
Quiere indicarme la salida?" (150). Sus palabras finales son las más elementa-
les para pedir que se le muestre el camino para salir del pueblo; sus maneras y su español no pueden ser más fríamente correctos, al alejarse de una
casa cuyos moradores experimentan una caída existencial. *Los desarraigados* no es una obra sobre el choque lingüístico; más bien se enfoca en el
pathos de la vida de los méxico-americanos en una sociedad hostil. Pero el
mismo espacio microcósmico de la obra, y la manera en que los múltiples
códigos lingüísticos del español y del inglés se representan dentro de su
espacio vivido, constituyen vehículos excepcionalmente poderosos para la
representación del pathos chicano y la condescendiente visión asumida hacia él por Robles, Elena y, finalmente, el público.

Urge ahora regresar al asunto del espacio escénico. Mi propuesta es que
el área del hogar de los Pacheco, donde este drama de la vida chicana en
Norteamérica es teatralizado, no es simplemente algo parecido a un escenario hiperrealista. Los elementos de la decoración, tal y como están des-
criptos en las instrucciones escénicas, representan tanto el choque cultural
que vive la familia Pacheco, como los registros lingüísticos que llevan
interiorizados. Se reconoce este espacio cuando empieza la obra y luego de
manera subsecuente se enfatiza en los detalles metonímicos uno tras otro,
conforme se desarrolla la obra: la sala es uno de los dominios comunales de
una familia chicana dentro del casco americano que es la casa; la radio y las
revistas de Alice como vehículos para la cultura popular americana están
yuxtapuestas a la quintaesencia de la mexicanidad representada por la mexi-
canísima imagen de la virgen de Guadalupe; las chucherías de cinco y diez
centavos son un revoltijo de íconos chicanos y americanos; y mientras los
muebles pueden evocar el sueño americano, quienes los usan nos informan
de otra cosa. En cierto sentido este espacio es convencional y en cierto
sentido los registros lingüísticos de los personajes son también convencionales. Pero cuando Elena se detiene en medio de ese dominio y se presta a
escuchar español en los múltiples pero extraños registros de los Pacheco,
no puede haber escapatoria a la manera sobredeterminada según la cual el
espacio escénico y los códigos lingüísticos significan la alienación de la cultura
mexicana que ella atestigua, sobre la que interviene y a la que, finalmente,

abandona, confirmando así la liquidación del compromiso mexicano para con el chicano —el mexicano irremediablemente perdido— en aras de la capitalización desocializada del México pos-Cárdenas del los 50.

El "code-switching" en *Zoot Suit*, de Luis Valdez

Code-switching, la alternancia de códigos lingüísticos, es una de las características más descollantes de la producción cultural de los chicanos, los hispanohablantes de nacimiento o descendencia mexicana que residen principalmente en el suroeste norteamericano, en un eje que se extiende desde Los Angeles hasta Houston, pasando por los centros demográficos de San Diego, Phoenix, Albuquerque, El Paso y San Antonio. Aunque hoy en día repartidos entre todos los estados de la república e incorporados de algún que otro grado a la vida urbana de Estados Unidos, los chicanos todavía mantienen una identidad de raigambre mexicana (con especial énfasis, por lo menos hasta los años sesenta, en la cultura de los estados mexicanos norteños y fronterizos), de vida rural o, dentro de las ciudades, "guetizada" y de experiencia como una clase social desprestigiada, discriminada y marginada.

Debido a tales factores, entre los chicanos el mantenimiento del español en la vida cotidiana y en ciertos sectores rituales y formales (por ejemplo, los ritos del culto católico) constituye en el orden lingüístico un baluarte contra las agresiones —violencia física y asimilacionismo social— de la cultura anglo/anglohablante. El español sirve, amén de punto de referencia para una identidad personal y colectiva dentro de la condición de la subalternidad (como un código de comunicación que marca los límites de nosotros contra ellos), de lenguaje clandestino que excluye al agresor (o que solamente lo incorpora obligándolo a aprender "nuestro idioma"), y de arma de contraagresión, en la medida en que esgrimir contra el otro un código que éste no entiende representa un acto de abierto y descarado desafío.

Dejar de entender el enorme valor simbólico de la expresión lingüística, máxime cuando representa la exclusión por involucrar distintos idiomas que no sean mutuamente inteligibles, es únicamente posible al ignorar el grado de violencia que muchas veces acarrea la manipulación de la circunstancia sociolingüística. Hablar otro idioma no es una actividad exenta de consecuencias sociales: todo el mundo entiende cómo la identidad se forja y se mantiene a través del idioma nativo, donde el calificativo de materno es solamente poético. Pero no todo el mundo entiende la dinámica que resulta de la confrontación entre distintos códigos lingüísticos, que siempre implica un juego de poder en el que el idioma desempeña un tremendo papel icónico. En América Latina, se puede comenzar a entender este juego recuperando la historia del encuentro entre el español (o el portugués) y los idiomas indígenas y, en ciertos centros urbanos, entre aquellos idiomas y los de los inmigrantes.

La situación del español versus el inglés en la cultura chicana de Estados Unidos constituye una situación a veces tirante de confrontación entre dos sistemas imperialistas que reitera la turbulenta historia de las negociaciones sobre la frontera entre el mundo anglohablante del norte y el hispanohablante del sur. Si uno recuerda que el suroeste de Estados Unidos es parte del territorio cedido/perdido a Estados Unidos por México en 1848, aproximadamente diez estados en su totalidad o parcialmente, se pueden comenzar a entender las profundas resonancias asociadas con los dos idiomas y especialmente con el impacto del inglés entre los hispanohablantes (escuchado como la lengua del señor usurpador) y del español entre los anglohablantes (escuchado como el bable del *Untermensch*). La historia social de Estados Unidos ha sobrellevado en alguna medida tales escisiones en los últimos veinticinco años; no obstante, el conflicto sociolingüístico no ha desaparecido: si bien se ha atenuado en ciertos aspectos (por ejemplo, ya no se azota a los niños en las escuelas primarias por hablar español en el aula o en el patio de recreo), en la gran mayoría de sus facetas se trata de una reformulación de esquemas, lo cual se puede ver patentemente en las controversias en torno al, en muchas dimensiones, malogrado proyecto del bilingüismo oficial.

Sin embargo, la relación de los dos idiomas no se detiene simplemente en la relación entre una praxis sociolingüística nítidamente repartida entre ora el inglés, ora el español, sino que se complica a otro nivel por el fenómeno del code-switching. El término en sí es poco feliz, como lo es también la tentativa de traducirlo al castellano con la frase "alternancia de códigos", pues en realidad no se trata de una alternancia o fluctuación semiótica entre el inglés y el español, sino de la integración de los dos códigos en un tercer sistema donde, conforme con procesos de enorme complejidad que todavía no han sido adecuadamente analizados, se amalgaman los dos idiomas en una práctica expresiva independiente tanto del español como del inglés, una práctica que a veces parecería el habla del inglés con una incursión radical del español y a veces el habla del español con la incorporación masiva del inglés. Más allá de simplemente el uso en un idioma de palabras o de calcos del otro, se trata más bien de un sinuoso entretejido que atañe así mismo a los sistemas morfosintácticos y semánticos como a los fonológicos y léxicos, para crear un tercer sistema de articulación. En realidad, se debería entender que no se trata de un tercer idioma independiente del inglés o del español, sino de un proceso sociolingüístico cuya marca distintiva es ser incomprensible para aquel que hable solamente el inglés o solamente el español o para aquel que, aunque hable fluidamente los dos idiomas, sea incapaz de entenderlos en ninguna relación que no sea la diferenciación absoluta. Se piensa en seguida en sistemas lingüísticos parecidos como el ídisch (la amalgama del alemán vulgar con el hebreo e idiomas de la diáspora judía) o el yo-pará (el guaraní españolizado), pero en realidad, que yo sepa, no hay ningún otro fenómeno sociolingüístico en Occidente parecido al proceso amalgámico del code-switching chicano (uno podría pensar en la relación entre el inglés y el francés en el Canadá, aunque las condiciones sociohistóricas son lo suficientemente diferentes como para dar un resultado fundamentalmente diferente). Con todo, lo que habría que enfatizar es que no se limita simplemente a "confundir" los dos idiomas o a mezclarlos ad libidinem, sino de una praxis en la que una determinada vivencia sociohistórica se capta a través de un proceso sincrético que se conforma según complicados principios estructurales.

Muchos son los textos de la producción cultural chicana en los que se podría estudiar el manejo del code-switching, sea como una cualidad verista de los diálogos de los personajes o como una parte integral de una meditación en primera plana sobre los elementos constitutivos de la identidad sociohistórica desde la perspectiva de la cuestión de la lengua en sus registros mexicanoamericanos. A los efectos de esta exposición, quisiera enfocarme en *Zoot Suit* (1978), uno de los textos más famosos de Luis Valdez y el Teatro Campesino del que Valdez fue el fundador hace ya casi treinta años como una de las instituciones más señeras del efervescente movimiento de identidad chicana de los años 60. Al enorme suceso de *Zoot Suit* como obra de teatro le siguieron una exitosa versión cinematográfica y una lamentablemente fallida producción en Broadway. Como gira en torno a un famoso acontecimiento político ocurrido en Los Angeles durante la Segunda Guerra Mundial, época en que la histeria racista en Estados Unidos cobró proyecciones siniestras, *Zoot Suit* sigue siendo no solamente una de las obras dramáticas más conocidas de Luis Valdez, sino de todo el teatro chicano.

Los acontecimientos en los que la obra está basada tuvieron que ver con un asesinato, un ajuste de cuentas en el año 1942 entre pandillas chicanas en un lugar remoto de la ciudad de Los Angeles que le dio su nombre al caso: los Sleepy Lagoon Murders (los asesinatos de la Laguna Soñolienta). Se detuvo a un grupo de jóvenes chicanos que fueron procesados mediante una serie de violaciones de sus derechos civiles y condenados a largos años de prisión. Aunque eventualmente se pudo demostrar que estos jóvenes no tuvieron nada que ver con los asesinatos, su suerte quedó grabada en los anales del movimiento chicano como un caso icónico de la falta de justicia que siempre le ha tocado vivir al marginado hispanohablante en Estados Unidos. El hecho de que los jóvenes acusados fueran pachucos fue un agravante en el caso. Los pachucos eran rebeldes sociales que se distinguían por la ropa extravagante que vestían, el "zoot suit" (traje zoot, esta apelación es onomatopéyica), un remedo del traje holgado y vistoso del maffioso, siempre rematado por una cadena pendiente de reloj, de largo reglamentario de más de un metro, y un peinado de crenchas engominadas y rematadas en una cola de pato. El pachuco desafiaba la sobriedad del anglo, especialmente del que en ese entonces gastaba el uniforme de servicio militar, y con su argot especializado y socialmente metonímico atentaba no solamente contra la decencia blanca del inglés sino también contra la decencia de una pequeña burguesía chicana emergente en la esfera urbana. El pachuco como práctica sociolingüística se puede ubicar en una dimensión como un trabajo poético-metafórico que parte de las posibilidades expresivas del idioma castellano. Pero también el pachuco, aunque se identifica más con el español, precisamente en la medida en que el pachuquismo es un desafiante y agresivo repudio del mundo anglo, se inscribe en la dinámica del code-switching, valiéndose del inglés como parte de su material expresivo, y en particular del inglés que tiene que ver con el entorno urbano que constituye el contexto inmediato del pachuquismo como fenómeno social.

En *Zoot Suit* el code-switching en su versión del pachuco asume fundamentalmente tres dimensiones dramáticas. Evidentemente, una obra teatral, como manifestación de la producción cultural en una segunda instancia y manejada en un contexto de recepción que no permite el control del texto (es decir, no se puede "releer" un fragmento ni consultar una fuente de información), tiene que dosificar los elementos que pudieran constituir una barrera en el circuito de comunicación entre los actores y los espectadores.

Por ello, el teatro chicano ha solido valerse del code-switching más como un indicio metonímico de la expresión lingüística que como un fenómeno documental en sí, a diferencia de la narrativa o la poesía, donde suele aparecer, especialmente en la novela, en dimensiones más típicamente realistas. De hecho, la construcción de los diálogos teatrales que emplean el code-switching suele valerse de una estrategia de doble representación (la palabra más el gesto señalador), si no directamente de la traducción para disminuir la posibilidad de una falta de entendimiento respecto a lo que se pretende estar diciendo. También, para acceder a un público más amplio que el que sería el caso si el vehículo de expresión fuera el español, los textos dramáticos chicanos existen paradigmáticamente en inglés, hasta tal punto que a veces uno tiene la impresión de que el español y el code-switching están presentes meramente como una manera de "sazonar" el discurso, darle el sabor del español sin que este idioma sea realmente un código de intercambio lingüístico. Lo que se está describiendo aquí es una cuestión de toda la producción étnica, en un país como Estados Unidos, dirigida a una consumición hegemónica en inglés: se proporcionan los toques superficiales de la identidad subalterna sin poder profundizar en su dimensión socioculturalmente válida.[1]

Pero un texto como *Zoot Suit* va mucho más allá de la superficialidad indicial, para instalar el español y el code-switching como el centro nuclear de la obra, puesto que la articulación privilegiada de una postura ideológica ante todo el juego de las discriminaciones contra el chicano. De ahí que el primer, y crucial, papel del code-switching en la obra de Valdez sea el registro del conflicto entre el mundo hispanohablante y el mundo anglohablante. Esto es evidente desde el primer planteo de la obra, donde El Pachuco se cuadra delante del público para explicar en los dos idiomas el tenor de la obra que los espectadores van a presenciar:

> PACHUCO:
> ¿Que le watcha a mis trapos, ese?
> ¿Sabe qué, carnal?
> Estas garras me las planté porque
> Vamos a dejarnos caer un play, ¿sabe?
> (HE *crosses to center stage, models his clothes.*)
> Watcha mi tacuche, ese. Aliviánese con mis calcos, tando,
> lisa, tramos, y carlango, ese.
> (*Pause.*)
> Nel, sabe qué, usted está muy verdolaga. Como se me hace
> que es puro square.
> (EL PACHUCO *breaks character and addresses the audience in perfect English*)

---

1   Sin embargo, es interesante compulsar las "Notes on Dialogue" que acompañan al texto neorriqueño *Ariano*, de Richard V. Irizarry:
    The use of Spanish throughout the play should not intimidate a monolingual audience, as no information is lost in not being a Spanish-speaker. The Spanish merely echoes or repeats the English phrase it is associated with. This is how the New York Puerto Rican communicates and fuses both cultures. (170)
    Sin embargo, una lectura detenida de la obra revela todo lo contrario: hay diálogo en español que va más allá de meramente repetir o reforzar lo expresado en inglés, contenidos cuya función es tanto fática como estrictamente semántica.

Ladies and gentlemen
the play you are about to see
is a construct of fact and fantasy.
The Pachuco Style was an act in Life
and his language a new creation.
His will to be was an awesome ding all documentation...
A mythical, quizzical, frightening being
precursor of revolution
Or a piteous, hideous heroic joke
deserving of absolution?
I speak as an actor on the stage.
The Pachuco was existential
for he was an Actor in the streets
both profane and reverential.
It was the secret fantasy of every bato
in or out of the Chicanada
to put on a Zoot Suit and play the Myth
más chucote que la chingada.
(*Puts hat back on and turns.*)
¡Pos órale! (26)[2]

Se descuella de este parlamento que el español pachuco y la particular vertiente del code-switching que ejemplifica, tienen dimensiones "existenciales". En un acto de intensa reificación, lo pachuco se convierte en punto referencial de la lucha por una determinada identidad chicana, una lucha que conlleva —más bien, obliga a— un gesto de violencia contra el poder agobiante y persecutorio del mundo anglo. En esta obra teatral, dicha violencia se patentiza lo mismo en el lenguaje que en la vestimenta, los dos

---

2   PACHUCO:
    ¿Qué le encuentra a mi ropa?
    ¿Sabe qué, hermano?
    Estas prendas me las puse porque
    vamos a representar una obra, ¿sabe?
    (cruza el centro del escenario, modela su ropa.)
    Mira mi atuendo. Fíjese en mis zapatos, sombrero, camisa, pantalones y sobretodo.
    (*pausa.*)
    No, sabe qué, usted es muy inocente. Se me figura que usted está desconectado.
    (EL PACHUCO *rompe con el personaje y se dirige a la audiencia en perfecto inglés*)
    Señoras y señores
    la obra que están a punto de ver es un constructo de realidad y fantasía.
    El Estilo Pachuco era una práctica en la vida y su lenguaje una nueva creación.

calculados para ser estrafalarias manifestaciones de inconformismo frente a las normas de la decencia social. Si el chicano siempre era hostigado por hablar español, el pachuco se hace acreedor de una doble agresión, en cuanto que los resabios de inglés incorporado a su decir desafían descaradamente al interlocutor anglohablante a entender lo que, después de todo, no va a entender, ni sintácticamente (la estructura) ni semánticamente (el significado), ni lingüísticamente (la norma) ni semióticamente (la poesía). La ropa que se conjuga con esta expresión, y que esta expresión señala y describe, repugna lo mismo que el decir del pachuco, hasta el punto de provocar el segundo acontecimiento histórico al que alude el texto de Valdez, cuando al año siguiente (1943) de los Sleepy Lagoon Murders, una horda de blancos, en su mayoría conscriptos de las fuerzas armadas de Estados Unidos, atraparon en público a jóvenes pachucos y los pelaron de sus ropas para dejarlos desnudos y expuestos al escarnio general. La cualidad teatral de la humillación del individuo mediante el obligarlo a desnudarse públicamente es explotada por Valdez como correlato de la mistificación de la ropa del pachuco que se desprende del parlamento inicial en el contexto del parangonismo de la rebeldía chicana a la que apunta. A lo largo de *Zoot Suit* la ropa y el lenguaje del pachuco se entretejen para conformar un solo signo teatral de la problemática sociohistórica que se está exponiendo.

La segunda dimensión de la relación entre el inglés y el español, una relación donde el code-switching en sí no es operante, tiene que ver con la conjunción entre vida y teatro en la obra. Ya hice hincapié en cómo el teatro chicano suele disponer su discurso para apelar a un público si no totalmente anglohablante, por lo menos no acostumbrado a presenciar obras vehiculizadas exclusivamente en español, hecho por demás en particular evidente en el caso del teatro de Luis Valdez, que ha aspirado con mucho éxito

---

Su voluntad de ser una terrible fuerza que elude toda documentación...
Un ser mítico, estrambótico, aterrador precursor de revolución
o una lastimera, espantosa broma heroica
que merece absolución?
Hablo como un actor sobre el escenario.
El Pachuco era existencial porque era un Actor en las calles,
era profano y reverencial.
Era la fantasía secreta de cada bato
dentro y fuera de la Chicanada
ponerse un Zoot Suit y representar el Mito más chucote que la chingada.
(*se pone el sombrero y se da la vuelta.*)
¡pues ya! (26)

a alcanzar una audiencia más allá del barrio al verse filmado como cine (con una distribución posterior en video) y como programación televisa a través de la red nacional que opera sin fines de lucro, The Corporation for Public Broadcasting (Corporación Emisora Pública). De esta manera, el inglés ha de servir como el código dominante para la transmisión de los sentidos fundamentales del texto, para también hacer eco paralelo de los significados transmitidos en castellano. Sin embargo, como queda manifiesto en el parlamento arriba transcripto, el español servirá más bien para iconizar la conciencia chicana y pachuca, y le corresponde a la transición al inglés –en un "inglés perfecto" que "rompe con su carácter"– asentar sin ambages la ideología del pachuquismo como cierto mito de la experiencia chicana, como encrucijada de las múltiples discriminaciones del que ella es blanco y la particular modalidad retórica, su teatralización social, que el pachuquismo expone a través del lenguaje, el porte corporal y la ropa.

Aunque se trata en primer lugar de una estrategia discursiva impuesta por la realidad del público teatral, dicha disyunción entre el español y el inglés, sin embargo, apunta hacia el mismo conflicto que la obra está denunciando: las colisiones sociopolíticas entre la sociedad dominante y una minoría resistente, donde el inglés es uno de los instrumentos principales del poder de la primera, siendo de esta manera un esquema que inapelablemente se reproduce a nivel de la confección textual. Aunque el conflicto entre el inglés y el español –sea éste el español del mexicanoamericano, el del proceso del code-switching o el argot del pachuco– recorre todo el texto de *Zoot Suit* como el indicio paradigmático del conflicto social, es en las escenas entre los jóvenes acusados de los asesinatos de Sleepy Lagoon y los voceros del poder dominante donde el inglés encarna más categóricamente el orden simbólico de la sociedad norteamericana. Así, los diálogos de los jóvenes se entrecruzan con los enunciados ejemplares de los soldados que los persiguen, de la prensa, del juez y de los agentes del sistema carcelario, todos fundamentados en el principio de la radical otredad del pachuco. George, el defensor público (el abogado de la parte acusada nombrado por el tribunal en vista de los escasos recursos de los acusados), recrimina sin resultado al juez: "You are trying to exploit the fact that these boys look foreign in appearance!..." (53).[3] Lo cual resume una lamentable ironía: el esfuerzo del pachuco por diferenciarse en su apariencia del mundo que lo oprime termina por volverlo pasivo de peores discriminaciones debido a la histeria en tiempo de guerra contra todo lo extranjero.

---

3   Usted está tratando de explotar el hecho de que estos muchachos parecen extranjeros!...

La tercera intersección entre el inglés y el español se da en el seno mismo de la comunidad hispanohablante. Aunque hubiera los que pensaban que había que acceder al poder del mundo anglo a través del inglés y que la discriminación sólo terminaría una vez que pudiese superarse la condición de otredad paradigmatizada por el hablar español, la gran mayoría eran tradicionalistas que veían en el español la clave de su identidad y su constitución como sociedad, condición imprescindible para resguardarlos de las agresiones del poder anglo. Aunque para muchos conservar el idioma era una cuestión de pureza lingüística, nutrida constantemente en fuentes mexicanas, latinoamericanas y hasta españolas, se trataba más bien de aferrarse a una norma comunitaria, con o sin trazos sociolingüísticos de marginación socioeconómica, con o sin la presencia del code-switching, para alcanzar un sentimiento de solidaridad. Precisamente por esto el pachuquismo era considerado disolvente en cuanto funcionaba para provocar una escisión entre una actitud de militancia por parte de ciertos jóvenes, verdadero avatar del movimiento chicano que emerge en los años 60, y lo que se consideraba el pasivismo de los mayores, entreguistas al poder anglo. Tras una tensa discusión entre uno de los jóvenes pachucos y su padre sobre la ropa que se está vistiendo para salir, el padre, sin entender el alcance semántico de las palabras en español que usa, le increpa: "¿Cómo que pedo? Nel, ¿Simón? Since when did we stop speaking Spanish in this house? Have you no respect?" (36).[4] Se notará que el padre, al denunciar los pachuquismos de su hijo, formula en inglés su defensa del español, o de un español que él puede entender. Esto se debe, otra vez, a la urgencia por transmitir los sentidos nucleares de la obra en inglés, pero no deja de provocar una conflictiva triangulación en este punto entre algún standard del español mexicanoamericano, el inglés y el pachuco para patentizar cómo el conflicto entre anglos y mexicanoamericanos se reduplica en *Zoot Suit* entre padres e hijos y a través de la materialidad sociolingüística.

El teatro de Luis Valdez ha sido especialmente hábil en la escenificación de las preocupaciones de la comunidad mexicanoamericana/chicana frente a las agresiones discriminatorias, las fuerzas del asimilacionismo a la sociedad dominante y la cuestión del tradicionalismo cultural (que incluye el problema de la lengua). Valiéndose en gran medida de eficaces procedimientos brechtianos que maximizan los escasos recursos económicos y técnicos de que, por lo menos en su fundación, disponía el Teatro Campesino, Valdez siempre ha sabido montar textos que han gozado de una enorme

---

4   ¿Cuál es el problema? No, ¿estamos de acuerdo? ¿Desde cuando dejamos de hablar español en esta casa? ¿No tiene respeto?

repecusión entre su público espectador, que ha incluido lo mismo anglohablantes que hispanohablantes, para acceder en los últimos años a grandes
foros teatrales y televisivos de Estados Unidos. Por ello, la conjugación del
español y el inglés ha sido parte de una estrategia de comunicación con un
público que presenta una gran variación en sus posibilidades lingüísticas.
Sin embargo, esto no ha sido óbice para que el cruzamiento entre los dos
idiomas y entre diversas modalidades del español que incluyen el code-
switching y el pachuquismo, funcione como un artero y certero indicio del
conflicto social y el movimiento por la reivindicación de los derechos mino-
ritarios.

> Why are Chicanos so repulsive and despicable for Mexicans? Why,
> despite a few exceptions, do Mexican writers tend to view us negati-
> vely? In brief, becauser we undermine the protective wall of national
> separation between Mexico and the U.S.A.; we deconstruct the fictions
> of exclusivity necessary to Mexicans to go on seeing themselves in ter-
> ms of a solidified absolute. We are a threat because we short-circuit
> their national self-project, so they must reduce us to less than equals.
> (Bruce-Novoa 67)

El teatro de Cherríe Moraga

Oriunda de Los Angeles, de madre chicana y de padre anglo, Cherríe
Moraga es posiblemente en la actualidad la dramaturga chicana de mayor
prominencia, y al mismo tiempo una destacada vocera de los intereses de
las mujeres de color en los Estados Unidos. Moraga colaboró con Gloria
Anzaldúa en la ahora legendaria antología *This Bridge Called My Back;
Writings of Radical Women of Color* (Este puente llamado mi espalda: escri-
tos de mujeres radicales de color) y su identidad lésbica se concreta nítidamente en antologías como *Compañeras; Latin Lesbians* (Compañeras; lesbianas latinas) y *Chicana Lesbians: The Girls Our Mothers Warned Us about*
(Lesbianas latinas: las muchachas contra las que nos previno nuestra madre). Desde su mismo nombre —nombre de pila irlandés; apellido hispano—
Moraga se perfila abiertamente como un individuo en cuyo ser se dan cita
los más encontrados conflictos de la cultura chicana. *Giving up the Ghost*
(Deshacerse de fantasmas; 1986) es un texto donde se pauta detallada-
mente dichos conflictos. La obra se tensa sobre la base de una serie de
"monólogos trialogados" (el neologismo es mío), Marisa —chicana de unos
20 años avanzados— Corky —Marisa cuando tenía entre 11 y 17 años— y
Amalia —chicana de unos 40 años avanzados, nacida en México—. Así, Mora-

ga ofrece en el marco de la teatralidad una imagen de la autorrepresentación dramática de todo individuo conflictuado, donde se procura poner en
evidencia las múltiples crisis de una identidad en difícil evolución dentro del
marco de las desaveniencias culturales que se viven particularmente en los
Estados Unidos. Tales desavenencias se definen en torno a tres núcleos
semánticos: la ubicación cultural, la expresión lingüística y la identidad sexual.

Como se trata de un texto que pertenece a un género cultural que involucra la articulación concreta del lenguaje, *Giving up the Ghost* primero
llama la atención por su holgado empleo del code-switching. El code-switching como fenómeno sociolingüístico de la comunidad chicana en Estados
Unidos ha sido extensamente estudiado en su dimensión transindividual:
cuáles son las circunstancias, los contextos, los campos semánticos que
disparan la transición repentina de un idioma a otro y la apabullante amalgama del inglés y del español que, en múltiples registros que van desde lo
coloquial a lo poético, constituye la línea divisoria lingüística entre lo chicano y lo mexicano. También se han auscultado los parámetros psicolingüísticos
del fenómeno: las dimensiones de la coordenación individual entre los dos
idiomas y las condiciones que atañen a la producción amalgámica de cada
hablante en el contexto discursivo de su expresión idiomática; concomi-
tantemente, hay que ver el impacto en la conciencia individual de desplazarse
entre uno y otro idioma y las tensiones provocadas por su confrontación
con el monolingüismo (también con el imperativo hegemónico del monolingüismo), ya sea desde la banda hispanohablante, ya sea desde la banda
angloparlante. Debe hacerse hincapié en cómo el code-switching, lejos de
ser una etapa transitoria entre el abandono de un idioma y la adquisición
dominante de otro, configura un hecho social real que se desprecia únicamente a riesgo de un monoculturalismo lingüístico reprobable, y más vale
intentar reconocer cuáles son sus legítimos impulsos dinámicos dentro de
una determinada comunidad sociolingüística.

Ahora bien, es preciso reconocer que la transferencia de la circunstancia
del code-switching en el discurso cotidiano a un contexto cultural está pla-
gada de muchos problemas teóricos. Bien se sabe que el teatro se fundamenta en la imagen de personajes hablantes y, en la mayoría de los casos,
en personajes que se proyectan como individuos verosímiles de nuestro
mundo circundante. Esto es verdad aun en los casos de teatro poético,
como es el texto de Moraga, donde más bien se monologa evocativamente
en vez de sostener un intercambio comunicativo que constituye nuestro
grado cero del discurso lingüístico. Sin embargo, si bien es verdad que
ningún texto puede constituir la fiel transcripción del fluir del lenguaje,
menos lo puede ser un texto enmarcado dentro de una tradición cultural
formal como lo es el teatro profesional, cuyas convenciones mismas son un

complejo juego entre la ilusión, entre el teatro como espejo de la vida y el
teatro como algoritmo metafórico de la existencia humana. Hasta el lenguaje
más sociolingüísticamente documental del teatro queda entrecruzado por
las peculiares elaboraciones semióticas a que se presta el escenario, con el
resultado de que sería más bien ocioso hablar científicamente de continuidad entre el code-switching de las investigaciones lingüísticas y la imagen
del mismo en una obra como *Giving up the Ghost*.

La implicancia de todo esto es que la imagen idiomática que proyecta un
texto teatral como éste, aunque el proceso se entiende dentro del marco de
las investigaciones sobre el code-switching, tiene forzosamente que anali-
zarse como cumpliendo un principio generativo más allá de lo exclusivamente
sociolingüístico. De ahí que el primer abordaje del *Giving up the Ghost* sea
en términos del code-switching como una metonimia de la fragmentación
cultural que se evidencia, desde el vamos, en el nombre mismo de la dramaturga, en la disyunción como entes sociopsicológicos entre Marisa y Corky,
y en la impresión global que se arroja de un individuo que vive a horcajadas
entre dos culturas que, lejos de constituir una confluencia sinergética, como
nos harían pensar los risueños slogans de la Cámara de Comercio binacional, constituye dos instancias vivenciales en profundo conflicto la una con la
otra.

El bilingüismo de Corky/Marisa gira en torno a múltiples instancias
diferenciales. Por un lado, se trata del relativo predominio de una esfera
atribuible a la cultura anglo vs. una asociada con la cultura mexicana/chica-
na. Por ejemplo, Corky, como todo joven incrustado en la sociedad
norteamericana, inapelablemente se compenetra de todos los culturemas
populares de la misma: los jingles y slogans de la publicidad, los programas
de televisión, la vestimenta diaria, todo convocado para afirmar el compromiso con una determinada sociedad dominante, aun cuando dicho compromiso insinúe vivir la discriminación racista contra uno mismo, como es el
caso de jugar a los cowboys y los indios, siendo uno indio (es decir, indio/
chicano en un sentido inmediato; subalterno en un sentido generalizado) y
asumiendo el papel arrasador del cowboy:

        CORKY [...]
        when I was a little kid I usta love the movies
        every saturday you could find me there
        my eyeballs glued to the screen
        then during the week my friend Tudy and me
        we'd make up our own movies
        one of our favorites was this cowboy one
        where we'd be out in the desert

'n' we'd capture these chick 'n' hold 'em up
for ransom   we'd string 'em up 'n'
make 'em take their clothes off
jus' pretend a'course but it usta make me feel
real tough
strip   we'd say to the wall
all cool-like (5)[5]

De más está decir que tal juego implica una toma de posición lingüística, pues, ¿dónde se ha visto que un cowboy hable español (mexicano o chicano) y dónde está el indio cuyo inglés lo ampare frente a la necesidad histórica de que le pasen por encima? Corky será "una chaparrita" y se vanagloriará de su agresivo "cholo style" al modo pachuco, pero no cabe duda de que lleva inscripto en su persona el discurso del que toma y obliga en el mundo anglo.

Esta proyección de Corky se empalma consecuentemente con su postura lesbiana, con una complicada meditación subyacente entre un lesbianismo que será un remedo del paradigmático rol del cowboy violador y un lesbianismo que será la plena participación en cierta imagen de un mundo o continuo femenino mexicano/chicano de mutuo afecto entre mujeres como baluarte contra la dominación masculina. Moraga ha escrito elocuentemente en su memorial autobiográfico, *Loving in the War Years* (Amar en época de guerra) sobre cómo tuvo que enterarse de que ser lesbiana de color *no* quería decir asimilarse a modelos que reduplicaban –y reduplicarán– el juego de poder binómico de la sociedad dominante, sino que se trataba de forjar lazos con una comunidad de mujeres, comenzando con su propia madre. En este sentido, ser lesbiana no significa asumir uno de los ridículos

---

5   CORKY [...]
     Cuando era niña me gustaban las películas
     cada sábado me podían encontrar allí
     mis pupilas pegadas a la pantallas
     después durante la semana my amiga Tudy y yo
     inventábamos nuestras propias películas
     una de nuestras favoritas era la de la vaquera
     donde estábamos las dos afuera en el desierto
     y capturábamos a esas mujeres y las asaltábamos
     para el rescate   las ahorcábamos
     hacíamos que se quitaran la ropa
     sólo era un juego pero solía hacerme sentir
     muy macho
     quítense la ropa   contra la pared decíamos
     todas suaves

roles exagerados femeninos/masculinos del mundo heterosexual donde prima la agencia genital, sino que significa entender las múltiples dimensiones de participación en la comunidad de mujeres, obligada, primero, por la heterosexualidad compulsiva y, segundo, por un racismo que es tan violento como la agresión del macho paradigmático:

> MARISA [...]
> It's odd being queer.
> It's not that you don't want a man,
> you just don't want a man in a man.
> You want a man in a woman.
> The woman-part goes without saying.
>
> AMALIA *(to THE PEOPLE)*
> Sometimes I think, with me
> that she only wanted to feel herself
> so much a woman
> that she would no longer be hungry for one.
> *(pause)* Pero, siempre tiene hambre.
> Siempre tiene pena. (53)[6]

En este sentido se labra una homología en la cual blanco y masculino se conjugan frente a chicano y feminista, para rendir una semiosis cultural que va más allá de las protuberancias anatómicas de los partícipes (uno puede acordarse aquí de la brillante apreciación de la pensadora francesa Monique Wittig, para quien el lesbianismo es aquel discurso cultural feminista que está de vuelta de la dicotomía entre hombres y mujeres, y, a los efectos de esta pieza, entre anglos y chicanos).

---

6   MARISA [...]
    Es difícil ser diferente.
    No es que no quieras un hombre,
    lo que tú no quieres es un hombre en un hombre.
    Tú quieres un hombre en una mujer.
    Lo de la mujer no hay que decirlo.

    AMALIA (a *LA GENTE*)
    Algunas veces pienso que, conmigo
    ella sólo quería sentirse a sí misma
    tan mujer
    para que ella nunca tuviera hambre de nadie.
    (pausa) Pero, siempre tiene hambre.
    Siempre tiene pena.

La importancia de Amalia, paradigma de la mujer mexicana indígena en la suavidad (no necesariamente femenina) de su ser, es la contrapartida de Corky/Marisa, cuya personalidad se fundamenta en la dureza anglo/chicana (en la medida en que el chicano se contamina de la dureza anglo como mecanismo de defensa en su mundo hostil). El diálogo semiótico –y no necesariamente estrictamente teatral– entre Corky y Marisa es la transformación entre la asimilación al mundo anglo y la aceptación de las condiciones determinantes de ser chicana, con específicas coordenadas sociohistóricas que asumen una postura autocrítica frente a las presiones del asimilacionismo anglo/blanco/heterosexual. De ahí que el diálogo entre Marisa y Amalia representa la formulación del continuo lésbico que constituye la única manera verdadera de que la mujer chicana se nutra de una identidad que la puede salvar de la aniquilación sociocultural.

De este modo, el code-switching en *Giving up the Ghost* adquiere dimensiones que van mucho más allá de lo exclusivamente sociolingüístico. Lejos de ser apenas un detalle idiomático de la pieza para dar una certera imagen expresiva del habla de los chicanos, el code-switching se erige en un eje multidimensional en el que habla tanto de los registros lingüísticos de los personajes como apunta a las constelaciones sociales en las que están insertos. De esta manera, Corky/Marisa experimenta la evolución de una conciencia que se tensa lo mismo sobre una base de identidad cultural como sobre una base de identidad lingüística, tanto sobre una base cultural como sobre una base de identidad sexual y la correlación con Amalia amplía estas continuidades en otro orden de la formación del yo constituido en el entramado histórico de la sociedad norteamericana que es la inapelable vivencia de fondo del chicano.

Sería un error fundamental pensar que el code-switching es un detalle agregado al texto, como una decisión respecto a cómo los personajes deberían vestirse o cómo debería ser el decorado del escenario, elementos optativos que únicamente colorean el meollo de la obra sin afectar el sentido esencial de la misma –algo como tener que decidir si los diálogos de una obra de Sor Juana Inés de la Cruz deberían enunciarse con la pronunciación contemporánea o con la de hace casi cuatro siglos–. El code-switching de *Giving up the Ghost*, si bien no puede servir para elaborar un estudio científico sobre la amalgama del inglés y del español en la sociedad chicana de Los Angeles, funciona como uno de los correlatos nucleares del conflicto social en el mundo que Moraga retrata. Si la expresión lingüística de un pueblo y de una sociedad subsumida antagónicamente dentro de este pueblo es el sistema significante por el que el individuo se conoce y se ubica en el mundo colectivo, el code-switching de este texto resume toda la conflictiva –y, al mismo tiempo, productiva– dinámica a la que los personajes están expuestos.

De la misma manera sería también un error ceer que el lesbianismo de *Giving up the Ghost* es sólo un agregado sensacionalista, algo para darle al texto más vivencia contemporánea, más valor transgresor, más potencial comercial para atraer espectadores en busca de nuevas imágenes estimulantes. El lesbianismo de esta obra tiene que ver, sin lugar a dudas, con la historia personal de Moraga y el grado en que la relación entre Corky y Marisa postula su propia evolución personal. Sin embargo, el lesbianismo como, primero, una contestataria actitud social y luego como el fundamento de la superación de ciertas trampas dicotómicas de la sociedad anglo, termina siendo el eje semántico nuclear de esta pieza, en el cual el lesbianismo no es una entre muchas otras opciones sexuales, como el code-switching no es tampoco una entre muchas otras opciones lingüísticas, sino la única válida, la única que confiere una identidad válida, la única que posibilita la plena participación de la mujer en el mundo, tanto la que le viene servido como la que va forjando en su diaria existencia comunitaria (véanse los comentarios de Manzor-Coats respecto a conjugaciones semejantes entre identidad lingüística e identidad sexual en el teatro del cubano-americano Elías Miguel Muñoz).

Evidentemente, un texto como *Giving up the Ghost* es inquietante, no por la presencia del code-switching y del lesbianismo como *indicios* del conflicto sociocultural, sino como *imperativos*, desde el cuerpo existencial de una mujer históricamente determinada, de inapelable validez y urgencia. Trátese o no de concebir transgresiones raigales tales como el code-switching o el lesbianismo como si fueran imperativos universales (en la medida en que The People, "Those viewing THE PERFORMANCE" [La Gente, "Aquellos que están presenciando EL ESPECTÁCULO"], quedamos identificados como el cuarto personaje de la obra), en *Giving up the Ghost*, en la evolución coherente del texto, vienen a ser para estas mujeres las únicas propuestas que terminan confiriéndoles sentido a sus vidas:

> It's like making familia from scratch
> each time all over again ... with strangers
> if I must.
> If I must, I will. (58)[7]

---

7   Es como hacer una familia de nuevo
     cada vez ... con extraños
     si tengo que hacerlo.
     Si tengo que hacerlo, lo haré.

El caso de Guillermo Gómez-Peña

> today, the sun came out in English
> the world spins around en inglís
> (*Border Brujo* 77)

El lenguaje es el grado cero del cuerpo, no tanto en el sentido que se subscribe por lo menos desde el estructuralismo de que es el lenguaje lo que define categóricamente al ser humano, siendo todos sus sistemas cognoscitivos estructurados cual sistemas idiomáticos, sino en la medida en que no existe ningún tipo de conocimiento más allá del que proporciona el lenguaje.[8] Por ello, es un craso error pensar que el lenguaje describe la realidad: más bien, el lenguaje formula una realidad que, a través de él, percibimos e interpretamos. En el caso del grado cero del cuerpo, el lenguaje nos facilita una definición del campo corporal, lo parcela y distribuye en categorías semánticas, y posibilita las relaciones de aproximación y distancionamiento, de semejanza y diferencia, entre las entidades sociohistóricas identificadas como distintos cuerpos. Para bien o para mal, definiciones como yo vs. tú, masculino vs. femenino, blanco vs. moreno, raza vs. gringo, son las consecuencias de los procesos constructivos del lenguaje, ya sea como potencial semiótico o como praxis de un idioma determinado.

Por mucho que ciertos movimientos teatrales modernos hayan querido apartarse del valor humanístico de la palabra, renunciar al lenguaje no ha sido posible debido a su cualidad como el punto mismo de construcción de cualquier momento de conocimiento sociocultural: la palabra como Arte no es lo mismo que la palabra como semiosis. Renunciar al teatro de la palabra, en aras de la recuperación y la consolidación de otros sostenidos lenguajes teatrales, no desbanca al lenguaje, sino que lo desplaza y lo sublima, en el sentido de que lo que se signa a través de aquellos otros lenguajes del escenario, son procesos semióticos que en una instancia anterior han sido configurados por el metalenguaje rector: el proceso significativo de un lenguaje corporal, por ejemplo, sería inconcebible fuera de un sistema de significados previamente plasmados que da significado a las posibles utilizaciones significantes del cuerpo. Dado el hecho de que un brazo no es un brazo en sí, sino existe dentro de una red de significados lingüísticos, realizar un ejercicio teatral fundamentado en las posibilidades sígnicas del brazo carecería de sentido si el brazo no viniera ya semantizado por el lenguaje compar-

---

8   Este ensayo forma parte de una serie de estudios referentes a los registros lingüísticos en el escenario latinoamericano y latino. Ver referencias en la lista al final del volumen.

tido por una determinada cultura.

Pero, ¿qué pasa cuando se trata de dos sistemas lingüísticos en conflicto, o de la presencia de un tercer lenguaje que funciona dialécticamente en contraposición frente a dos otros lenguajes determinantes, como puede ser el caso del inglés contra el español, o el chicano contra ora el español, ora el inglés? Y ¿qué pasa cuando uno de los dos idiomas anteriores al tercero, sirve para citar al otro: el inglés cita al español, para entrecomillar al chicano, el español cita el inglés para entrecomillar al chicano, para que eventualmente el chicano cite ora al inglés, ora al español, para confirmar su estatus de privilegio semiótico.

Típicamente, la producción cultural chicana ha sido un movimiento entre el inglés (debidamente matizado, para ser suroccidental, campesino, chicano) y el tercer lenguaje del chicano, éste en explosiva conjugación más con el español mexicano que con el inglés americano. Bien que haya cierta producción apropiadamente marcada como "chicana" que aspire a los registros más categóricamente mexicanos, fue evidente desde los albores del movimiento cultural chicano que podía tratar de asimilarse al español de México, por todo lo que la fracturación entre chicano y mexicano condecía: el escritor chicano que quisiera escribir como mexicano, se desentendería de todo lo que establece la división histórica e ideológica entre las dos sociedades. Y el escritor mexicano que quisiera escribir como chicano...

Guillermo Gómez-Peña es un caso singular en la literatura étnica de Estados Unidos. Por mucho que haya figuras como Miguel Méndez-M., nacido en México pero culturalmente formado en Arizona, donde publicó hace veinticinco años sus primeras narraciones detonantes, muchas de ellas autobiográficas o por lo menos símbolicas en lo que a mexicanos que se convierten en chicanos se refiere, el fenómeno de "achicanamiento" que resume la figura de Gómez-Peña es realmente singular en la literatura chicana. Cuando Gómez-Peña emigró a USA, optó por instalarse en la frontera californiana/bajocaliforniana, junto al eje El Paso/Ciudad Juárez, fácilmente uno de las dos concentraciones binacionales más paradigmáticas para México/USA. Digámoslo claramente desde el principio: no se trata de psicoanalizar un presunto "deseo" de Gómez-Peña de ser chicano (puede o no existir, y tiene mucho que ver con el campo semático del signo del "deseo"): cada uno es libre —o, por lo menos, así lo contempla el paquete posmoderno de la identidad cultural— de elegir la nacionalidad y sus adláteres que quiera y, total, México no gana ni pierde con un ciudadano más o menos.

Mas bien se debe tratar de averiguar qué es lo que pasa con la cultura chicana con el proceso de la afiliación desde México, más aún cuando dicha afiliación viene como un compromiso personal y no como una nueva fórmula política y partidista. Es bien evidente que México nunca va a interesarse realmente en la suerte de los chicanos, pues Aztlán nunca va a volver a formar parte de México ni es previsible que los chicanos se interesen en ciudadanizarse mexicanos. Por ello, cabe dudar de la productividad ideológica de que desde México haya o no mexicanos dispuestos a consolidarse con el movimiento chicano.

El intento aquí no es aislar a Guillermo Gómez-Peña (aunque tal movida ha sido practicada por artistas chicanos que consideran que se ha valido de su cosmopolitismo chilango para abrirse un espacio fundamentalmente vedado a ellos), sino de emprender una indagación en su arte acción para ver a qué parámetros se presta en cuanto al proyecto de especificar un grado cero del cuerpo significante. A este efecto inquiriremos en los campos sociosemióticos que organizan su discurso teatral, las pormenoridades de su decir lingüístico, y la imagen de frontera, en todo su alcance significativo, que su teatro modela. Tal análisis se ve obligado a desentenderse del genial oportunismo de la denominación misma de "gringostroika", configuración lingüística que nada tiene que ver con las apuestas idiomáticas y culturales que están en juego, salvo meramente recoger una formante lexemática sobreusada en cierto momento de la prensa internacional. Al mismo tiempo, se percata de la urgencia de entender cómo, semejante calco, apunta hacia una (¿fácil?) superación del conflicto construido por el ideologema de la frontera, al mismo tiempo que da paso a una meditación de si se trata, a fin de cuentas, de forjar, de todos modos, una superación de la frontera, en aras de una hermandad binacional o no: si la gringostroika quiere decir lo mismo para un mexicano que para un chicano, es precisamente por donde pasan las varias definiciones sociosemánticas que están en juego.

A los efectos de esta discusión, nos ceñiremos a *Border Brujo*, texto que desde el vamos anuncia el papel nuclear del bilingüismo, amén de invocar el punto referencial, la frontera, alrededor del cual se conjugan los sistemas idiomáticos en contienda: "BORDER BRUJO speaks in Spanish to Mexicans, in Spanglish to Chicanos, in English to Anglo-Americans and in tongues to other brujos, locos, and border crossers. Only the perfectly bicultural can be in complicity with him" (75).

Pero urge preguntase en qué consiste lo "perfectly bicultural" (concepto que involucra necesariamente lo "perfectly bilingual"). Evidentemente, no se remite a aquellos casos de chicanos hispanohablantes que habitan en Estados Unidos y cuyo dominio del inglés está a la par de su dominio del castellano, y por razones políticas no puede querer decir aquellos mexicanos que viven en México cuyo inglés se ajusta a los mismos niveles de competencia que su español: tal fenómeno confirmaría el modelo nacional de vendepatria americanizado cuyo manejo del inglés como nativo apunta, en un esquema de jerarquía invertida, hacia la insuficiencia del idioma español: saber inglés en México es manejar uno de los instrumentos del comercio internacional; saber español en Estados Unidos es comprometerse con un acto de recuperación y reivindicación del patrimonio cultural, de la preservación de la identidad heredada. La primera circunstancia es tan sólo instrumental, mientras que la segunda resume resonancias de sobrevivencia psicosocial, y por ello el bilingüismo en el sentido de la completa complementareidad del inglés y del español sólo puede entenderse como el anverso y el reverso de la misma moneda al desentenderse de todos los contextos históricos en los que uno u otro idioma se habla.

Por consiguiente, el biculturalismo y le bilingüismo no pueden sino referirse a una circunstancia del lado americano de la frontera, donde efectivamente frontera no significa, más allá de una circunstancia histórica que origina la cuestión del biculturalismo, la presencia de una división social y política entre México y Estados Unidos. Más bien, frontera tiene que funcionar aquí prioritariamente para evocar el proceso de compenetración entre el español y el inglés dentro de los Estados Unidos, compenetración vista como problemática desde el punto de vista del movimiento Sólo Inglés, lo mismo que es considerada conflictiva desde el punto de vista de los guardianes de algún standard lingüístico del castellano. Entendidas así las cosas, el ideologema de frontera que esgrime Gómez-Peña constituye la resemantización de un fenómeno de las relaciones políticas entre USA y México, para que funcione axialmente en un planteo contestatario ante proyectos radicales de la eliminación de la sociedad chicana, o en términos de su más completa asimilación al inglés y al mundo anglo, o en términos de su reintegración en la sociedad mexicana en aras de un mítico retorno a casa. Bien será el caso de que la realidad socioeconómica nunca permitirá esto y que el racismo frenará aquello una y otra vez (por mucho que el latino aprenda inglés y se amolde a la "vida americana", siempre de alguna manera manifestará la marca de su latinidad). No se trata de preocuparse de que la sociedad chicana pueda desaparecer, a pesar de todas las proposiciones que se voten, sino de auscultar qué propiedades tendrá la sociedad que sigue perdurando.

El cuerpo y su decir que Gómez-Peña modela en *Border Brujo* son, entonces constitutivos de una identidad chicana y de ninguna manera aluden al tipo de binacionalismo que propaga entidades oficiales como, por ejemplo, la Comisión Arizona-Sonora y similares. Recogiendo menos la "problemática" de la que se ocupan sociólogos y antropólogos, los *performance texts* de Gómez-Peña asientan la dinámica de una identidad en ebulliciosa evolución a través de los códigos lingüísticos que el artista trae a colación. Tales códigos tienen su origen en México al sur, no porque la cultura chicana únicamente puede entenderse como una reversión de lo mexicano, sino por el simple hecho de que esa cultura, donde el gentilicio de "chicano" cede paso a "latino" para señalar que las fuentes no son uninacionales, se sigue nutriendo de un movimiento a través de una frontera política que luego queda resemantizado como la frontera que cada inmigrante hispano lleva por dentro y ante la cual tiene imprescindiblemente que posicionarse.

Border Brujo está organizado en términos de treinta y nueve monólogos. Según las notas de programa, son "fifteen different personae, each speaking a different border language". Evidentemente, *language* aquí no alude específicamente a lo idiomático, en el sentido de dialecto o registro sociolingüístico, sino que se trata de fragmentos para un mosaico de la vida chicana, treinta y nueve situaciones que metonimizan una experiencia vital. Dos características se desprenden del escrutinio de las quince máscaras que el artista se pone: 1) La mayoría de los parlamentos está en inglés. El español está presente como un código de expresión en conflicto con el inglés y con el racismo que vehiculiza el inglés; está presente en términos de palabras claves que ejemplifican el drama del chicano; está presente como una invocación de las raíces mexicanas del chicano, aunque se vuelve a insistir en que dicha dimensión no opera solamente en referencia a la inmigración actual, sino como una retroproyección histórica que da uno de los esquemas para la reivindicación cultural; está presente como parte del trabajo expresivo que dice de la evolución del idioma en contacto con nuevas experiencias y vivencias sociales, estén éstas o no directamente ligadas al inglés y la formación del spanglish, el pochismo, el ingleñol; y está presente como el idioma de base del artista y en su origen personal como mexicano. Sin embargo, y a pesar de todos estos factores que dan paso en el texto a la presencia del español, el simple hecho es que el inglés funciona como portador de los núcleos significantes de cada instancia dramática. En ese sentido, el texto es menos bilingüe de lo que parecería, pues los dos idiomas no cumplen por igual la misma función expresiva y no hay, en definitiva, ninguna tentativa por consolidar un verdadero bilingüismo coordenado (es decir, donde dos idiomas funcionan en todos los casos con un estrecho paralelismo de poder significante). Con lo cual se puede entender que la nota de programa referente a lo "perfectly bilingual" tiene más valor simbólico que estrictamente sociolingüístico. Indudablemente, a los efectos de la *gringostroika*, conviene más que el texto sea inteligible para los que están más del lado gringo que del lado chicano ante la frontera interna.

2) El reparto de funciones en *Border Brujo* entre el inglés y el español reconfirma el espacio interno que ocupa el *border* del que se está hablando, pues si se tratara de USA vs. México, habría una conflictiva conjugación entre el inglés y el español y una radiografía de cómo éste le cede el paso a aquél en el peregrinaje por sobre la frontera. El hecho de que en este texto

se trate más bien de casos de bilingüismo correlativo, lo cual quiere decir necesariamente un idioma dominante (el inglés) y un idioma dependiente (el español), marca la reubicación de la frontera dentro del seno de la sociedad chicana en el que se inserta el que salta la frontera política. Aparentemente no hay un retorno, no hay un acceso histórico al español como parte de un binomio de bilingüismo coordenado. Más bien hay una compenetración del español y del inglés en un tercer idioma que es lo que marca la verdadera situación sociolingüística del chicano, siendo más bien la imagen que Gómez-Peña parece tener en mente, aunque en este caso se preferiría hablar, no de lo "perfectly bilingual", sino de un "imperfecto productivo" que es lo que en el fondo sustenta los textos de este artista.

Sin embargo, si es que Gómez-Peña pareciera confundir los hechos al propagar una imagen del bilingüismo que no concuerda con la materialidad expresiva de su propio texto, tiene plena conciencia de la violencia política que rodea a toda decisión idiomática:

> VOICE WITH THICK MEXICAN ACCENT
> [*pointing at specific audience members*]:
> I speak Spanish therefore you hate me
> I speak in English therefore they hate me]
> I speak Spanglish therefore she speaks Ingleñol
> I speak in tongues therefore you desire me
> I speak to you therefore you kill me
> I speak therefore you change
> I speak in English therefore you listen
> I speak in English therefore I hate you
> pero cuando hablo en español te adoro
> but when I speak Spanish I adore you (78-80)

Nótese que "I speak Spanish", pero "I speak *in* English": la pequeña pero no por ello menos significativa alteración sintáctica recalca la distancia que mide aquí entre la realidad sociolingüística y lo "perfectly bilingual"; la misma alteración se hace extensiva al emparejamiento de las dos últimas frases citadas.

Quiero enfocarme ahora en detalle en el texto completo de una de las instancias:

> IX
> VULNERABLE AND TENDER VOICE:
> estimado compañero
> del otro lado del espejo

> there's really no danger tonight
> estoy completamente desarmado
> the only real danger lies
> in your inability to understand me
> in your unwillingness to trust
> the only real danger is in your fingers
> your thumb lies on the button
> your index finger on the trigger
> you have the weapons maestro
> I merely have the word
> my tongue is licking your wounds
> it hurts but it makes sense
> it's up to you to dialogue
> it's up to you to dialogue (82)

No viene al caso reiterar la propuesta ya trillada de que cada idioma constituye su propio universo semiótico y por ello, la traducción, más allá de lo meramente superficial, es esencialmente una empresa fallida. El principio semántico que prima en este diálogo —el noveno y por ello, parte del bloque medio de los sketches— es la imagen del espejo. El espejo es aquí una metáfora de la frontera, pero se trata otra vez de la frontera interna y evidentemente, con una resonancia superficial de Lacan, es el espejo en el que uno se encuentra a sí mismo como el Otro. En este caso, el Yo se está expresando en español y el Otro es el (del) inglés: retomando el postulado de la violencia lingüística, el Otro se perfila como agresivamente defensivo contra la presencia del hispanohablante. Es importante notar que se entiende la agresividad sobre la base de la falta de entendimiento y comprensión. Bien que este desajuste remita a factores cruciales de confianza y acuerdo social, se recalca que el lenguaje juega un papel primordial en el enajenamiento entre los dos: "you have the weapons maestro / I merely have the word".

Semejante conjugación de "weapons" and "word" le asigna a la palabra un valor de resistencia social, puesto que coloca a los dos instrumentos en el mismo campo semántico: la palabra puede resistir/combatir las armas. El concepto instrumental de la palabra da pie a la siguiente imagen, donde el lexema "lengua", tanto el principal órgano bucal como la metonimia del idioma, sirve para aliviar las heridas históricas del Otro, para así propiciar el diálogo entre los dos. De esto se descuella que la palabra española se puede valorizar para cicatrizar la alienación social, e interesa notar que dicha alienación funciona para marcar una doble disyunción. Por un lado, se refiere a la distancia que media entre el anglo(hablante) y el chicano(hablante), y se pondera claramente la violencia que éste siente a manos de aquél. Como en otros monólogos del Brujo, se evoca todo el complejo panorama de mortífero racismo del anglo contra el chicano, partiendo del grito de guerra de la lengua.

Por otra parte se alude a la disgregación del mexicano/latino/chicano que no sólo experimenta en carne propia la violencia del conflicto lingüístico, sino que emprende como consecuencia el viaje despersonalizante hacia el inglés: "VOICE WITH MEXICAN ACCENT: / [...] I am finally speakin' English" (83). El Otro como el anglo anglohablante, el Otro como el chicano anglohablante: la palabra, la lengua del Brujo se postula para saltar el espejo, sanar heridas y emprender el diálogo. *Border Brujo* se tensa en gran medida sobre el violento conflicto de la lengua, y sus monólogos inventarian todos los lugares comunes de la miseria del español, sea como idioma decadente a ojos del anglohablante *redneck* (una de las máscaras recurrentes del Brujo) o sea como la consecuencia del inapelable asedio que experimenta en el seno de la sociedad anglohablante. Una de la grandes genialidades de Gómez-Peña radica en su habilidad para articular conceptos retóricos que, una y otra vez, recalcan las fragmentaciones lingüísticas, como por ejemplo, estos versos donde la alusión gramatical a los tiempos verbales proporciona ya otra imagen de la tensión entre el Yo y el Otro del lenguaje:

> I'm floating, floating
> on the ether
> of the present tense
> of California
> and the past tense
> of Mexico
> [*He speaks in tongues.*] (85)

Está claro que el proyecto de Gómez-Peña en *Border Brujo* es el de proporcionar un amplio panorama de los conflictos culturales en el seno de la sociedad chicana, las relaciones entre esta sociedad y México y otros países latinoamericanos, y las agresiones entre la sociedad chicana y la hegemonía anglohablante cuyas agresiones padece a diario y en todas las esferas de su vivencia. Al hacer eso el Brujo enfatiza en particular el papel que juega el lenguaje, y descuella el grado en que responde sensiblemente a todas las variedades y variaciones que provienen del modelo multifacético de conflicto social que pormenoriza. Cada una de las quince máscaras en las que se basa la obra constituye una faceta diferente del encuadre sociolingüístico que el artista se empeña en desvelar. Desde el punto de vista del lenguaje como performance, el arte acción de Gómez-Peña da plena realización a la propuesta rectora en el estudio científico de la lengua de que **hablar** es un acto material que se origina en el cuerpo. El performance del Brujo es una serie de plasmaciones de instancias del conflicto social del chicano, y en ese sentido se lee como un mosaico plástico expuesto a través de los múltiple lenguajes teatrales de los que Gómez-Peña se vale.

Pero al mismo tiempo, el lenguaje en su sentido primario y originario de lengua (la facultad humana de la expresión verbal) e idioma (un determinado sistema de expresión verbal) ocupa un primer plano en *Border Brujo* como un indicio señero, una instancia metalingüística de la realidad sociocultural. Sería valioso intentar un registro de las varias plasmaciones del lenguaje en este texto y ver cómo se correlacionan con los lenguajes teatrales propiamente dichos: el texto impreso da algunas indicaciones –[*He turns into a Mexico City ñero (derogative for urban mestizo).]*" (78)– pero en general uno tendría que remitirse a representaciones específicas para ver todo el proceso de conexiones que se establecen.

Sin embargo, mucho más interesante a mi modo de ver, sería examinar todas las indicaciones que da el texto para señalar la incorporación específica del lenguaje hablado en términos de su proyección corporal:

> --[[...] *He speaks like a smooth-talker, and sends kisses to various audience members.*] (82)
> --[*He hold the Tequila bottle and delivers the following commercial as a Latino transvestite.*] (83)
> --[*He speaks like a macuarro (racist depicition of a Mexico City urban mestizo).*] (85)
> --REDNECK VOICE / [*mumbling and mispronouncing Spanish*] (87)
> --UPPER-CLASS LATINO VOICE [*SUPER-FLAMBOYANTLY AND WITH EXAGGERATED GESTURES*] (88)
> --AUTHORITATIVE VOICE [*with megaphone*]: [*He points with a flashlight at the faces of audience members.*] (91)
> --[*Music continues. He speaks like a stylized Pachucho.*] (94)

Tales didascalias sirven para subrayar la materialidad y la corporeidad del lenguaje, para que no sólo se entienda que el teatro es lengua hablada, sino también un performance de la misma y una semiotización del cuerpo a través de la lengua. Al semiotizar el cuerpo lingüísticamente, se da una representación significante de los lenguajes de los conflictos sociohistóricos que uno lleva inscriptos en el cuerpo: las heridas, las laceraciones, las cicatrices y las deformaciones. El cuerpo es un manuscrito de la represión

política y las quince máscaras que el Brujo va barajando son los subsiste-
mas lingüísticos que pretenden facilitar una adecuada lectura de ese manuscrito.

Capítulo II
CONFLICTOS SOCIALES Y LINGÜÍSTICOS EN EL TEATRO DE INMIGRANTES

Florencio Sánchez y *La gringa*

Florencio Sánchez (1875-1910) puede, con poca exageración, ser llamado el primer dramaturgo profesional de talla internacional moderna. Durante el período de prosperidad del teatro latinoamericano en el siglo XIX, el teatro no sólo sobresalió como una forma de entretenimiento público, sino como un acreditado barómetro de las nuevas sociedades republicanas. Por la época en que Florencio Sánchez llegó a Buenos Aires de su Uruguay nativo inmediatamente después del cambio de siglo, el teatro estaba establecido sólidamente como una parte integral de la vida cultural de la ciudad, y el drama en la Argentina continúa constituyendo hasta hoy, tanto en los trabajos originales de dramaturgos argentinos como en las muchas producciones de trabajos originales, el termómetro de la actividad teatral latinoamericana.

La contribución específica de Sánchez, dentro de este contexto, fue aunar un número de preocupaciones del drama de la primera Argentina del siglo XX: la necesidad de un teatro profesional que atrajera a la emergente y muy próspera burguesía, la necesidad de un arte dramático que fuera mas allá de una postal de color local para analizar seriamente los modelos socioculturales todavía en proceso de definición, y –quizás más significante– la necesidad de crear trabajos nacionales que pudieran asimilar con alguna medida de originalidad los derroteros del realismo y del naturalismo de figuras ya establecidas como Eugene O'Neill, Henrik Ibsen, August Strindberg, y Máximo Gorki. Sánchez fue capaz de completar todas esas necesidades con un impresionante estallido de creatividad ejemplar en la primera década del siglo (Ramírez).

Sin intención de sugerir categorías exclusivas, podríamos decir que los trabajos de Sánchez manifiestan dos importantes grupos de interés. Por una parte, existen trabajos que enfocan el problema de la identificación cultural en la Argentina, especialmente el impacto en las formas tradicionales de vida, tanto de la explotación económica de la pampa como de la llegada de olas de inmigrantes (principalmente italianos y judíos). Como complemento de las preocupaciones de Sánchez por recordar la vida social de su época, hay trabajos que examinan las preocupaciones de la dominante clase media de Buenos Aires en la mejor tradición del naturalismo ibseniano. Aunque estos últimos trabajos, especialmente *Los derechos de la salud* (1907), sobre los devastadores efectos del alcoholismo, son importantes documentos para entender las preocupaciones socioculturales del drama a principios del siglo veinte en la Argentina, los últimos trabajos son generalmente considerados las contribuciones más perdurables. Al menos, estos son los trabajos que generalmente son usados para definir sus mayores aportes y que son más frecuentemente utilizados. Entre ellos, a su vez, ninguno es más favorecido que *La gringa* (1904). Esta obra se complementa con estudios que tratan de tesis socialmente definidas, así como con el conflicto entre las formas de vida tradicionales y las modernas (*M'hijo el dotor* [1903]) o de las dimensiones trágicas de la gente que hasta la fecha había sido tratada con una moda romántica e idealizante (*Barranca abajo* [1905]). La diferencia en los apuntalamientos ideológicos de las dos famosas obras de Florencio Sánchez examinadas en este ensayo es particularmente valorativa al señalar la transición entre mitificación y reevaluación crítica de las creencias sobre la sociedad rural de la Argentina.

La gringa se estrenó en 1904. En gran parte, este texto es la única obra de Sánchez que disfruta de la identificación dominante con su carrera en Argentina, y ha llegado a ser un venerable salvoconducto para el abasto de las compañías. Sobre todo, durante el período en el cual la conciencia de Estados Unidos respecto a Latinoamérica y la enseñanza de la literatura latinoamericana se mitigó putativamente con seductores asuntos locales de naturaleza popular o folclórica, *La gringa* disfrutó de una difusión considerable como texto escolar. En cierto sentido, el estudio de *La gringa* tanto por argentinos como por extranjeros, a causa del valor del color local concerniente a la dimensión cómica de la inmigración italiana en Argentina, ha oscurecido el valor real dramático del texto.

Sin embargo, a pesar de esta popularidad circunstancial, *La gringa* es quizás la obra menos típica de Sánchez. Mientras el grueso de sus textos trata de la misma forma que Eugene O'Neill o Henrik Ibsen situaciones sociales en las cuales un *fatum* naturalista asume proporciones trágicamente destructivas, *La gringa* es verdaderamente una comedia, ya sea en el sentido de que tiene un final feliz ya sea porque mira hacia la resolución satisfactoria de un problema específico. Su tesis –y se trata de una de las obras de tesis más manifiesta– es que, a pesar de las diferencias culturales que separan al gaucho criollo de la reciente llegada de los inmigrantes italianos, la armonía será alcanzada entre ellos, y el resultado será una mejor sociedad derivada de la fusión de las dos estirpes inicialmente antagonistas (Onega 177-179). El control nacional por parte del gobierno liberal de las instituciones abrió el país a una masiva inmigración extranjera hacia 1880. Los políticos responsables de esta medida fueron los herederos naturales de los francmasones antiespañolistas que habían generado la independencia argentina. Sesenta años antes, tuvieron dos metas muy específicas en mente: 1) poblar la vasta extensión territorial del país, aunque para ello tuvieran que exterminar la población indígena de la pampa para siempre, y proveer a la agricultura emergente y a las industrias manufactureras con un gran yacimiento de mano de obra barata, y 2) "revitalizar" el abasto criollo de descendientes españoles a través de la infusión de supuestamente más laboriosos elementos extranjeros. Durante los siguientes cincuenta años, la Argentina vivió una transición democrática de un esencialmente rural y escaso poblado país a una de las sociedades más concienzudamente inmigrantes del mundo; Buenos Aires llegó a ser uno de los mayores centros de concentración demográfica del mundo, y al final del período Ezequiel Martínez Estrada hizo sonar la alarma sobre el monstruo que el París del hemisferio Sur había llegado a ser, llamándola la cabeza de Goliat en uno de sus ensayos sociales famosos.

Italianos, judíos, alemanes, españoles, árabes y una extensa gama de otros grupos étnicos y nacionales se congregaron en la Argentina, con el resultado de que surgió un imponente conjunto de problemas sociales que los originadores de la medida de inmigración nunca hubieran contemplado y que sus descendientes fueran incapaces de señalar. En términos de la compleja sociedad que ha surgido de tal medida y de la imagen proyectada por *La gringa* apenas veinte años después de que Hotel de Inmigrantes (el equivalente argentino de la isla de Ellis) empezara a recibir recién llegados, la contradicción no podría ser más elocuente. Aunque los gauchos y los italianos de hecho apredieron a vivir en armonía, el futuro rosado profetizado por la obra de Sánchez es incuestionablemente disonante con la historia social de la Argentina (*Argentina, la otra patria* presenta una primorosa visión nostálgica de la comunidad italiana a principios del siglo veinte en la Argentina). Tal contribución, a su vez, sólo sirve para subrayar más la forma en la cual *La gringa* difiere de las otras obras de Sánchez.

La gringa trata del conflicto entre las familias de Don Nicola y Cantalicio González, el último un rudo gaucho viejo que evidencia las circunstancias de abyecta pobreza en la cual la Argentina rural continúa viviendo hasta el presente. De hecho, incluso para los aficionados al teatro del Buenos Aires de 1904, la forma de vida de González debe de haber parecido remota respecto a la dinámica forma de vida de la ciudad capitalista. Su antagonista es Don Nicola, un trabajador de origen italiano quien ha tomado seriamente la oportunidad ofrecida por su nueva patria para trabajar la tierra y alcanzar un nivel de prosperidad que fue sólo un sueño en el viejo continente. La yuxtaposición de estos dos individuos y de sus respectivas familias permite a Sánchez un considerable ordenamiento en la descripción de la textura de la existencia diaria (Castillo), en los decorados y en los vestuarios requeridos, en los varios registros sociolingüísticos de los personajes (Don Nicola apenas habla español y mezcla muchos elementos del italiano con el poco español que sabe, una usual forma de humor en el escenario argentino del momento, a lo Hyman Kaplan, llamado *cocoliche*), y en la continua colisión de los diferentes sistemas de valores, la obra desarrolla por consciente explotación las posibilidades dramáticas inherentes en la confrontación de oposiciones irreconciliables:

> Cantalicio.– Entonces ¿creés que debo quedarme tan fresco y dejar que éstos pateen el nido?
>
> Próspero.–¡Qué más remedio! Si usted me hubiese dado el campito cuando yo se lo pedí pa sembrarlo, no se vería en este trance; pero se empeñó en seguir pastoreando esas vaquitas criollas que ya no sirven ni pa... insultarlas, y cuidando sus parejeros y puro vivir en el pueblo, y dele al monte y la taba...y amigo... a la larga no hay cotejo...
>
> Cantalicio.–¡Velay!... Esa no me la esperaba...Llegar a esta edá pa que hasta los mocosos me reten ... ¡Salite de acá descastado!...
>
> Próspero.–No, tata. No sea así... "Bisogna eser."
>
> Cantalicio.–¡No digo!... Con que "bisoñas" ¿no?... ¡Te has vendido a los gringos!... ¿Por qué no te ponés de una vez una caravana en la oreja y un pito en la boca y te vas por ahí a jeringar a la gente?... ¡Renegao!... ¡Mal hijo!...(Sánchez 132-133)
>
> Cantalicio.–[...] ¡Déjenme, déjenme! ¡Solito!... Yo no preciso de nadie... Ya no tengo amigos, ni casa, ni hijos... Ni patria... Soy un apestado... Nadie me quiere... ¡Salgan...! ¡Yo me voy a morir!... Estoy muy triste... ¡Salgan...! Sin casa... Sin hijos... Sin amigos... Soy un pobre criollo... Un pobre criollo... (Oculta la cara entre los brazos llorando convulsivamente. El cura, con el gesto, pide compasión para él, y allá en el fondo, los colonos cantan de nuevo al aire nativo, mientras desciende lentamente el telón.) (148)

Si *La gringa* deriva su sustancia dramática de los conflictos entre Cantalicio y Don Nicola, allí emerge la corriente oculta de armonía a través del amor cuando el hijo del primero se enamora de la hija del último, cuyo apodo epigramático da título a la obra. El hijo es Próspero, el irónico heredero de la pobreza de su padre; la hija es Victoria, cuyo nombre revela el triunfo de la diligencia de su padre. Este es el romance que se desarrolla entre ellos, la vociferante oposición que se encuentra en los padres respectivos, ninguno de los cuales puede reconocer nada bueno del retoño de las ijadas del otro, y el triunfo último de su amor sobre las objeciones de las dos familias que constituye el mayor estadio en el desarrollo narrativo de *La gringa. La gringa*, aunque pudiera ser significativa para una audiencia familiar, provee su total impacto al comprometer la atención de la audiencia de los rangos tanto de tipo humano como de los conflictos sociales sobre los cuales la obra es construida (cf. en particular 135-136). Aunque *La gringa* es significativa en términos del triunfo del amor joven en cara de la oposición social o paterna y en términos del tipo de conflicto racial y étnico dominante en el mundo, el drama de Sánchez adquiere especial resonancia cuando puede ser visto en el contexto de la historia social evocada por detalles de la textura apropiada a un trabajo del realismo de cambio de siglo con respecto al lenguaje, al aspecto físico, y al comportamiento interpersonal.

El conflicto sinecdocal de la obra, el único que trae a la superficie la hostilidad y el odio que separan a los dos protagonistas, trata sobre el plan de Don Nicola para cortar un venerable ombú como parte de la expansión de sus campos plantados. El ombú es un arbusto que, en las desoladas, desarboladas pampas, crece con enormes proporciones y sirve como árbol de sombra. Para el gaucho es uno de los más preciados símbolos de su cultura. En *La gringa* asume virtualmente dimensiones antropomórficas y, para Cantalicio, su pérdida es como la muerte de un miembro venerable de la familia: "¡Dañinos! ... Lo único, lo único... de lo mio que entoavía puedo ver es ese ombú... Pero che... ¿Y por qué lo están podando así?..." (152).

Como contraste, para Don Nicola el ombú es meramente un estorbo, incluso ni bueno para el fuego, y su agresión contra él representa en la obra la inhabilidad de los inmigrantes para comprender la significancia cultural de los símbolos criollos, del mismo modo que Cantalicio no puede entender la intensidad con la cual los italianos persiguen el desarrollo de la tierra para labranza. Acerca de las referencias al ombú, solemne ante los ojos de Cantalicio pero un obstáculo en los de Don Nicola, Sánchez construye el mayor conflicto de su obra, aquél que recalca el aparente abismo insalvable entre los dos hombres y que será vencido sólo a través del curativo amor entre Próspero y Victoria. Como uno de los hijos de Don Nicola dice, profetizando la prosperidad y victoria de la nueva edad, "¡Mire que linda pareja!... Hija de gringos puros... Hijo de criollos puros... De ahí va a salir la raza fuerte del porvenir..." (166). El telón final cae rápidamente después de estas palabras. Es difícil no hablar de *La gringa* hoy sin parecer parodiarla o caricaturizarla puesto que la obra es inexorablemente optimista en la resolución de los conflictos básicos. Aún así, es una obra estructurada sólidamente, y para los actores supone un reto representar sus partes con un auténtico realismo además de la liviana moda del colorido local. El reto se extiende igualmente al espectador: verla no como propaganda para una específica ideología sociopolítica argentina (que en retrospectiva, ha sido indiscriminadamente desacreditada), sino con un componente del deseo profesional de Sánchez de usar el escenario para la descripción realista de problemas auténticamente sociales. En este sentido *La gringa* constituye una parte integral del canon dramático de Sánchez y una de las obras más representativas del primer arte dramático latinoamericano.

El hecho de que *La gringa* se tense, primero, sobre una disyunción cultural cuyo conflicto, en última instancia, se propone resolver mediante el pacto social de la amalgama matrimonial entre gringos y criollos, le proporciona a Sánchez la oportunidad de retratar las escisiones claves mediante distintos registros socioculturales. Si es verdad que la mayoría los personajes del mundo de la obra pertenecen a sectores rurales humildes, la diferenciación que se maneja es en términos de una confrontación básica entre Cantalicio y Nicola que se reparte en cuanto a los respectivos códigos lingüísticos, los cuales son sustancialmente diferentes pero no mutuamente inteligibles, como lo son, en el fondo, sus respectivos códigos culturales. Es importante señalar que, a los efectos de plantear el conflicto crucial de la obra —un conflicto cuya resolución cobra valor en la medida en que sana diferencias que en su proposición original serán fundamentalmente antagónicas— las diferencias vivenciales, y entre ellas la lengua del comercio diario, parecen ser más irreconciliables de lo que son. De hecho, Nicola tiene un nivel de cultura muy superior al de Cantalicio, lo cual es evidente en cómo él habla un español académicamente standard, al lado de las modas campesinas de éste, algo evidente desde el primer encuentro en la Escena XIII del primer acto. Este detalle sirve en una primera instancia para definir la superioridad social del inmigrante frente al criollo, por lo menos si hemos de entender que el punto ideológico central de Sánchez, en particular frente a un público espectador urbano, es retratar cómo el inmigrante termina instalándose en el seno del poder como miembro productivo de la sociedad (otro sería el planteo aquí si Sánchez estuviera comprometido con la imagen del inmigrante como nocivo para la integridad de las tradiciones hispánicas resumidas en el gaucho criollo).

Sánchez logra evitar lo que sería una opción simple para representar la disyunción social entre criollos y gringos, la oposición entre el español y el italiano, pasando por varios posibles matices de entrelengua amalgámica (cocoliche y parecidos). Antecedió a Sánchez una rica tradición de teatro de inmigrantes que manejaba semejante opción y, por mucho que *La gringa* no sea muy sutil en cuanto a su resolución dramática, la imagen caricaturesca, a lo hermanos Podestá, del italiano hubiera desdicho radicalmente de las propuestas de teatro moderno que el dramaturgo pretendía seguir.

Barranca abajo y el mito gaucho

Por el período en que Sánchez presentó *Barranca abajo* en 1905, el gaucho argentino había llegado a ser un mito nacional. La épica de José Hernández (alguno diría pseudoépica), el poema de *Martín Fierro* (1872) fue el primer gran documento literario en el proceso romántico que convirtió al resero nómada de la pampa en la figura mítica lo mismo de lo hispánico, del pasado criollo y de la hegemonía desvanecida de la sociedad rural premoderna. Si es verdad que el resero inmortalizado en las películas de Hollywood de los años treinta nunca existió realmente, el gaucho de estos trabajos literarios es igualmente una fabricación, lo cual no significa disminuir ni la sinceridad de sus autores ni la eficacia cultural de tales símbolos. En el contexto de glorificación del gaucho como el noble inocente y la quintaesencia de todo lo que es auténticamente vital en el carácter nacional de la Argentina, la obra de Sánchez es francamente tremendista. El protagonista de la obra, Don Zoilo, puede proyectar una gran nobleza sufriente, pero está claro que su suicidio al final de la obra es la renuncia al liderazgo de su sociedad microcósmica. El nombre Zoilo es simbólico. Derivado de Zoilus, conocido en la retórica griega por la implacable severidad de su criticismo, Don Zoilo, a través de la obra, se muestra indiferente, crítico desdeñoso e intransigente del caos social que observa a su alrededor. Sus hijas son arpías fierecillas, su mujer una maquinadora, y sus vecinos rapaces explotadores. Si la obra parte de la reconstrucción con idolatría naturalista del decorado, los vestuarios y el lenguaje de la población rural, llega a ser inmediatamente aparente, a pesar del esmero de las voces dramáticas con las que hablan, que los personajes de *Barranca abajo* son inconscientes falsantes de los mitos socioculturales del gaucho. Solamente Zoilo y su hija Robustiana, perseguida por ser tuberculosa (su nombre es un irónico juego del adjetivo "robusto"), revelan algún grado de consideración decente para con los otros, y sirven como aliados contra los intereses creados de los otros. Cuando Robustiana muere, Zoilo llega a ver en el suicidio la única salida de la opresiva existencia antiedénica.

Quizás la estrategia más artística utilizada por Sánchez sea la interacción entre la locuacidad y el silencio. Si la mayoría de los personajes atestiguan el estereotípico modelo del colorido asociado con la sociedad rural (la escena de apertura donde la madre y las hijas están ocupadas en el planchado, al mismo tiempo que se entregan a cuidar sus engreídas personas es particularmente elocuente), Don Zoilo desafía los intentos de los otros personajes a comprometerse en una conversación fática. El ignora sus preguntas, murmura, tararea, y de otro modo se comporta distraídamente en una negación del lenguaje que es sintomático de su alienación en la ruptura de la estructura social que a su vez se propone significar:

> (Don Zoilo aparece por la puerta del foro. Se levanta de la siesta. Avanza lentamente y se sienta en un banquito. Pasado un momento, saca el cuchillo de la cintura y se pone a dibujar marcas en el suelo.)
> Dolores.–(Suspirando.) ¡Ay, Jesús, María y José!
> Rudecinda.– Mala cara trae el tiempo. Parece que viene tormenta del lao de la sierra.
> Prudencia.– Che, Rudecinda, ¿se hizo la luna ya?
> Redecinda.– El almanaque la anuncia para hoy. Tal vez se haga con agua.
> Prudencia.–Con tal que no llueva mucho.
> Dolores.– ¡Robusta! ¡Robusta! ¡Ay, Dios! (Ziolo se levanta y va a sentarse a otro banquito.)
> Rudecinda.–(Ahuecando la voz.) ¡Güenas tardes!... dijo el muchacho cuando vino...
> Prudencia.–¡Y lo pior que nadie le respondió! ¡Linda cosa!
> Rudecinda.– Che, Zoilo, ¿no encargaste el generito pal viso de mi vestido? (Zoilo no responde). ¡Zoilo... ¿Tás sordo? Decí... ¿Encargaste el generito rosa?
> (Zoilo se aleja y hace mutis lentamente por la derecha.) (170)

Barranca abajo funciona como una negación implícita del jardín del Edén, topos mítico del gaucho romántico. Está claro que la familia de Zoilo y la sociedad detrás de ésta, son el resultado de una caída, la degradación de la ennoblecente solidaridad del gaucho que se suponía representaba. Pero a diferencia del poema de Hernández, donde se da en términos positivos una evocación similar de la caída de Grecia a la moderna Argentina (en la segunda parte del poema publicado en 1879), la obra de Sánchez sugiere que la elección del suicidio de Zoilo, al estilo de Catón, es la única nobleza que le queda al gaucho, la irrevocable negación de las fuerzas trágicas de su degradación: "y cuando ese disgraciao, cuando ese viejo Zoilo, cansao, deshecho, inútil pa todo, sin una esperanza, loco de vergüenza y de sufrimientos, resuelve acabar de una vez con tanta inmudicia de vida, todos corren a atajarlo. '¡No so mate, que la vida es güena!' ¿Güena pa qué?" (213). *Barranca abajo* es una de las obras más elocuentes de Sánchez, y la elaboración del inexorable *fatum* de Zoilo es acometido con un impresionante dominio de recursos dramáticos. La obra adquiere especial importancia por su hábil uso de un largo repertorio de alusiones clásicas y cristianas, especialmente al yuxtaponer a su propio decorado de interpretaciones de estas alusiones con las más sentimentales de los mitos socioculturales establecidos, con lo cual provee una inmisericordiosa deconstrucción de los últimos en una forma que *La gringa* evita enteramente con su fácil sentimiento patriótico.

Como en el caso de *La gringa*, Sánchez aquí evita las dicotomías lingüísitcas fáciles. Aunque se trata solamente de criollos, podría haber una mediatización en cuanto a Zoilo versus los otros, con la idea de hacer hablar al protagonista con algo más parecido a un estilo grave y a los otros con uno mediano o hasta más bien humilde. Sin embargo, Zoilo se expresa con el mismo tipo de lenguaje rural que los otros. En realidad, lo que marca aparte a Zoilo es el manejo del silencio al que se aludió anteriormente. Aunque no se quisiera insinuar que el campesino es por naturaleza parlanchín, el hecho de que los otros personajes de *Barranca abajo* lo sean y que Zoilo (y, paralelamente, Robustiana) tienda a ser reservado al hablar, sino directamente reacio, es lo que más sirve para establecer, a nivel del discurso lingüístico, las diferencias pertinentes. En este sentido *Barranca abajo* se asimila sociolingüísticamente a *La gringa*: a pesar de las divergencias significativas entre las dos obras en lo que a su planteo ideológico del ambiente rural se refiere, los dos textos se apartan igualmente del potencial costumbrista del lenguaje del contexto rural, sea en cuanto a un mundo uniformemente criollo o sea en cuanto a un mundo de abierto conflicto entre criollos y gringos, entre nativos y no nativos. En este sentido, el retrato social crítico que proporciona el teatro de Sánchez, por mucho que pudiera haberse valido de diferencias sociolingüísticas, constituye aquí un contraejemplo importante. De hecho, la falta de diferenciación sociolingüística entre los personajes de esta obra, apunta hacia otro criterio teatral: homologar el status social de sus personajes, en aras de buscar el conflicto social en otra dimensión, cuyos matices se procesan en términos de otro lenguaje teatral.[9]

---

9   Esta discusión de Sánchez, escrita originalmente en inglés, fue traducida por José María García Sánchez.

El espacio social en *Babilonia* de Armando Discépolo

> Que el mundo fue y será una porquería
> ya lo sé...
> ¡en el quinientos seis y en el dos mil también!
> Que siempre ha habido chorros,
> maquiavelos y estafaos,
> contentos y amargaos,
> valores y dublé...
> Pero que el siglo veinte
> es un despliegue de maldad insolente
> ya no hay quien lo niegue!
> Vivimos revolcaos en un merengue,
> y en un mismo lodo todos manoseaos... [...]
> ¡Siglo veinte, cambalache,
> problemático y febril!
> El que no llora no mama,
> y el que no afana es un gil...
>
> (Enrique Santos Discépolo, "Cambalache", citado en Manzi 30-31)

Un signo del énfasis que el teatro occidental, en su última fase del realismo tradicional, da a la problemática de la gran burguesía se puede advertir en el hecho de que el espacio escénico del período sea el living de la casa en el que sus integrantes y allegados, protagonistas y antagonistas, se dan cita para ventilar y eventualmente resolver, sea trágica o cómicamente, el conflicto que expone la pieza. Este living será modesto o lujoso, según marque puntualmente la categoría social de los familiares de la casa, y en este sentido tal escenario es una sinécdoque de cómo muchas novelas del mismo período organizan su representación en los múltiples ambientes de una vivienda familiar, cuya integración en un signo/estructura global llamado "casa", habla de cierta concepción del mundo social, la prioridad de la casa como sitio de los acontecimientos realmente importantes y como separación del caos incontenible e incontrolable del mundo social más allá del refugio que parametrizan los muros del hogar.

Lo significativo, sin embargo, no es el grado de comodidad del living en sí, sino su mera existencia, en un universo social donde, para la mayor parte de la población, la zona de convivencia puede ser un solo ambiente que luego, históricamente y en términos del ascenso económico de cada familia, se irá fraccionando, con el living, que es una de las últimas innovaciones en el proceso de rediagramación de la casa y redistribución de sus integrantes (y nótese el status especial que se le confiere, por lo menos en algunos dialectos, al darse identidad por medio de una palabra tomada de otro idioma). El énfasis del realismo burgués en el living –téngase en cuenta el género teatral en inglés llamado "drawing room comedies"– se complementa en el drama proletario, donde se privilegia la cocina como paradigmática zona vital, no sólo porque es ahí donde se reúne la familia en torno al hogar de la casa como fuente de su alimentación en la lucha por la vida, sino simplemente porque en tales estratos sociales las viviendas carecían de living, o como lugar de reunión diario o como sala privilegiada para los grandes actos formales de la vida. En los años cincuenta, cuando comienza en gran escala el proceso de aburguesamiento en Estados Unidos, en la Argentina y varios otros países latinoamericanos el living asumirá una importancia icónica en la producción cultural de la época, cosa que se ve en particular en las imágenes visuales, y más que nada en la publicidad.

Pero en 1925, año en que Armando Discepolo presenta *Babilonia, una hora entre criados*, las divisiones sociales eran decididamente pronunciadas: la "gente bien" tenía sus a veces múltiples y amplios salones y la gente humilde sus cocinas –si es que tanto tenían–. Donde estos espacios se intersectaban era en las casas grandes en las que, aunque los criados se desplazaban a lo largo y ancho de su superficie en el cumplimiento de sus quehaceres domésticos (muchas veces cruzando fronteras prohibidas a miembros de la familia, en la medida en que cada familiar tenía su propio radio de espacios dentro de la casa), éstos estaban confinados a los márgenes desde donde servían a las necesidades de los señores. En la típica construcción inglesa o francesa, los sirvientes dormían en los altillos y trabajaban en las dependencias del subsuelo, de las cuales la más grande era la cocina, donde también tenían su pequeño recinto o estar social, todo debidamente regentado, por el mayordomo, en una jerarquía de poder, la cocinera (o cocinero) en jefe y un pequeño ejército de gente de limpieza, aseo y diligencias, cada uno con un debido rango y autoridad.

Cuando comienzan a construirse las casas de departamentos, como sabemos muy bien por los ejemplos que todavía conservamos y en los que muchos vivimos en la actualidad, y su moderna versión de los pisos de "gran standing," las criadas (pues el equipo de servicio doméstico se ha femineizado en su mayoría) han pasado de los márgenes al núcleo interior: ya no bajo tierra o en las nubes, sino en las tinieblas del pozo central. Esta relación de clases sociales era la base de una serie televisiva de los años 70, en la programación americana Masterpiece Theatre, que se valía principalmente de material proveniente de varios equipos de producción inglesa. *Upstairs, Downstairs* (Escalera arriba, escalera abajo) se basaba en la vida diaria de una familia londinense de la alta burguesía eduardiana durante las primeras décadas de este siglo. Correlacionando la vida de los dueños en sus salones de escalera arriba con la vida de los criados de escalera abajo, este producto retrataba minuciosamente tanto las convergencias como las divergencias entre los que mandaban y los que obedecían, razón por la cual la tiranía militar argentina de los años setenta lo proscribió, en su versión doblada al castellano, tendiente a fomentar las divisiones sociales y los conflictos de clase que poco convenían al orden que las juntas quisieron imponer.

Babilonia, según reza la didascalia inaugural, tiene como escenario "Cocina y dependencias de criados en los sótanos de una casa rica" (366), donde, según el subtítulo, el espectador pasará "una hora entre criados" (y se trata de una obra en un acto). Es importante notar que el dueño de casa, Cavalier Esteban, es un magnate de origen italiano, de 55 años, que se ha vuelto rico al cumplir el sueño del inmigrante de hacer la América; su esposa, la Señora Emilia, es una criolla de 50 años. Amén de sus dos hijos, los otros personajes de la obra son once sirvientes, hombres y mujeres. Nueve de estos empleados son inmigrantes: dos napolitanos, una francesa, una madrileña, cuatro gallegos, un alemán; los argentinos se reparten entre una cordobesa y un criollo (por lo que se entiende porteño). Es necesario hacer hincapié en este reparto, porque si se entiende que uno de los ejes principales del conflicto sociolingüístico en una sociedad se define en términos de nativos vs. extranjeros, con su debida reduplicación en el eje del poder socioeconómico, tal esquema no es operante en la pieza de Discépolo (como lo es, como propuesta cultural inicial, en *La gringa* de Florencio Sánchez o en *El judío Aarón* de Samuel Eichelbaum [cf. Foster, *Cultural Diversity* 104-110). Una variante de este esquema, que se recoge en *Trescientos millones* de Roberto Arlt, es la disyunción, también respaldada por el poder socioeconómico, entre hispanohablantes criollos e hispanohablantes inmigrantes, típicamente "gallegos" (tanto en su debido sentido regional como en su valor como sinónimo de español).

Sin embargo, tal encuadre sociolingüístico no se aplica a *Babilonia*, si no es en alguna desavenencia entre criados sustentada en quién tiene más derechos frente al otro porque es argentino o es hispanohablante. Por un lado, tal distribución del poder lingüístico y económico sí se aplica a la distinción entre el señor de la casa, italiano, y su mujer, criolla, aunque Esteban, después de todo, es tan inmigrante como la mayoría de sus sirvientes. El resultado es que, sin remachar el conflico social entre dueño y empleados con la imagen de la barrera lingüística entre ellos, Discépolo sutiliza el conflicto del poder al investir a Esteban con un sociolecto que, a pesar de ser un español de inmigrante como el de la mayoría de sus criados, a veces pone de manifiesto su acceso al poder y, a veces, deja transparentar que en el fondo es de la misma estirpe que ellos.

De esta manera *Babilonia* trasciende la ya relativamente fácil empresa a esas alturas de mediados de los años 20 de perfilar el conflicto entre tanos y criollos, conflicto ya superado ideológicamente en el teatro, por lo menos, con *La gringa* y en la dimensión de otros productos culturales y en relación con otros grupos inmigratorios, con *Los gauchos judíos* de Alberto Gerchunoff: no es accidental que los dos textos se inscriban en la aureola del Centenario, aunque la realidad histórica una y otra vez en los años subsiguientes romperá con la ilusión de un pacto de armonía (se recuerda que la prefigurativa Kristalnacht argentina, la Semana Trágica, se fecha en 1919). El conflicto entre criollos y judíos será más violento, pero, a juzgar por textos de la cultura popular como las letras del tango, el inmigrante italiano, por lo menos aquel que no había ascendido rápidamente en el escalafón económico, seguía sintiendo el latigazo de la discriminación y tendrían que pasar todavía varias décadas antes de que la marca más evidente de su status, su manejo del español, asuma los tintes nostálgicos con los que hoy día se reviste el cocoliche.

Por ello, cuando Discépolo organiza el espacio escénico de *Babilonia* —obra que se inserta en la producción discepoliana en general sobre las devastaciones de la experiencia italiana de la inmigración a la Argentina— lo que conjuga es la dicotomía que se produce entre la gran masa inmigratoria y los pocos que pudieron cumplir el sueño de hacer la América. Esteban literalmente se fue para arriba, porque junto con su esposa criolla, llega a ocupar los salones escalera arriba en una de las mansiones de la elite dirigente, mientras la gran mayoría de sus compatriotas quedan atrincherados en las dependencias del subsuelo. Es llamativo que *Babilonia* sólo represente en escena el subsuelo como ambiente significante, un verdadero bajo fondo gorkiano. Nunca se le presenta al espectador el espacio de arriba, aunque Discépolo bien podía contar con que su público tuviera alguna idea, gracias a la preeminencia de la comedia de costumbres burguesas, de cómo serían las habitaciones de los señores dueños. Al mismo tiempo que estos espacios nunca son vistos, nutre la fantasía utópica del espectador respecto de cómo pueden ser de lujosos, una fantasía que nunca termina ajustándose a la realidad por ser aquélla siempre un deseo postergado e inalcanzable —todo lo contrario a la dura realidad de los criados y el poco cómodo espacio que ellos habitan—.

En cambio, al enfocar la mirada de los espectadores sobre los bajos fondos, *Babilonia* representa un espacio vital poco conocido en su intimidad por ellos, y menos en términos del libre juego de expresión de los integrantes del subsuelo, en su diario discurso cotidiano en un lugar de privilegio al margen de la esfera del poder. Es evidente que el título de la obra quiere marcar desde el principio cómo este espacio tan paradigmática-

mente argentino (por corresponder al sirviente de origen extranjero
que signa lo que había llegado a ser una inapelable realidad nacional
urbana), se caracteriza por dar cita a un enorme despliegue babilónico
de idiomas. Se recordará que el motivo de la torre de Babel no apunta
solamente al hecho de la divergencia lingüística entre los seres humanos, sino a la pérdida del hombre de la integración social que signa un
solo lenguaje humano antes de su fragmentación babilónica que nos
parece irremediable, a pesar de recurrentes propuestas alocadas de forjar un nuevo idioma universal.

Lo que exige ser enfatizado aquí es que el juego de lenguas encontradas
en los bajos fondos del Sr. Esteban, donde han ido a caer tantos representantes de la sufrida inmigración argentina, se trata de mucho más que
un solo idioma capaz de simbolizar la condición de la marginación social
bajo el peso de la riqueza capitalista. No es solamente una cuestión del
enfrentamiento entre el italiano, el español, el francés y el alemán, pues es
bien sabido que en términos sociolingüísticos, los inmigrantes raras veces
manejaban los registros cultos respectivos, que son lo que se entiende por
tales rótulos abstractos. Más bien existía, por ejemplo, entre los ítaloparlan-
tes, una apreciable variación dialectal que señalaba las múltiples coordenadas socioculturales sintetizadas en el habla de cada individuo: género, edad,
clase, región de origen, oficio y conciencia individual. Al discriminar entre
Isabel, madrileña, y Lola, gallega, entre Esteban, italiano, y Cacerola, napolitano, y entre Eustaquio, criollo, y China, cordobesa, Discépolo da a entender que tenía plena conciencia de cómo las enormes divisiones entre uno y
otro idioma se reduplicaban también al nivel de enormes divergencias entre
uno y otro dialecto, para que lo que el espectador presencie –y escuche–
sea realmente una disonancia babilónica. De más está decir que le interesa-
rá a Discépolo mucho más que simplemente un despliegue sociolingüístico,
por atractivo que esto pudiera ser en términos científicos. Más bien, lo que
se conjura a través de la representación de esta materialidad del habla es
una realidad social de la que la dimensión lingüística es tan sólo una metonimia archievidente. Casi remedando "El cambalache" del hermano de Armando, Enrique Santos, bien dice el chef napolitano, Piccione:

> ¡Ah, cosía materazze, colchones! ¡Esto es ináudito!... No se ve a ningu-
> na parte del mondo. Solo acá. Vivimo en una ensalada fantásteca. ¡Col-
> chonero!... Eh, no hay que hacerle, estamo a la tierra de la carbonada:
> salado, picante, agrio, dulce, amargo, veleno, explosivo... todo e bue-
> no: ¡a la cacerola! ¡Te lo sancóchano todo e te lo sírveno! ¡Coma, coma
> o revienta! Ladrones, víttimas, artistas, comerciantes, ignorantes, profe-
> sores, serpientes, pajaritos... son uguale: ¡a la olla!... Te lo báteno un

poco e te lo brindano. "¡Trágalo, trágalo o reviente!" ¡Jesú, que Babilonia!... (374)

Cuando Esteban desciende a los bajos fondos de su propia casa, por un asunto de un collar robado, se ausenta de una mesa llena de invitados para volver a enfrascarse en un medio que pensaría haber trascendido definitivamente. Aunque habla un español tan macarrónico como sus criados, es evidente que la convivencia con su mujer criolla y el mundo de los magnates le ha dado algún roce que lo aleja del subsuelo. Sin embargo, cuando se pone a altercar con los criados, su coincidencia con los márgenes en cuanto a idioma, retórica y kinética pone en evidencia que las líneas de fuerza ideológica del texto no se reparten según el eje criollo/inmigrante, sino según el eje maestro/esclavo: "Tutti. Aquí abajo no hay categoría ne distingo" (394). Evidentemente, tal apreciación no se refiere a la categoría del poder, que Esteban detenta muy bien, sino al ambiente social donde, aunque lo hace como el señor, se impone también porque, a fin de cuentas, habla el mismo lenguaje que todos ellos. Es en este sentido que *Babilonia* no tiene por qué ocuparse de representar al mundo escalera arriba, pues el poder se siente más entre los desamparados, donde la falta de categoría y distingos no se debe a que todos gocen de los mismos derechos, sino que todos están por igual desprovistos de ellos.

El maremagnum lingüístico, en el cual la participación de Esteban, en vez de desdecir el reparto del poder sólo sirve para reafirmarlo, en la medida en que él habla como ellos pero se viste de otra manera y siempre puede volver escalera arriba (como, de hecho, termina haciendo), marca una sociedad de bajos fondos donde únicamente un Esteban puede esperar salir de los bajos fondos y donde los idiomas extranjeros y el abanico de dialectos nunca gozará del contacto superador con el habla de los criollos. En un nivel metateatral, el espectador únicamente accede al cambalache lingüístico que es *Babilonia* mediante un pacto lingüístico que nivela las diferencias idiomáticas y dialectales –algo como lo que le pasa a Esteban al acceder al mundo escaleras arriba y su norma culta del español–. Sin embargo, la disyunción entre el proceso nivelador en el plano metateatral y el hecho lingüístico en el de la realidad social tiene que resolverse a favor de este último, pues la realidad social del Babel de expresión verbal queda impostergable después de esta "hora con los criados" que expone la pieza de Discépolo. A pesar de que en las generaciones subsiguientes los hijos de inmigrantes hablen como argentinos, todos se jacten de ser criollos y todos sientan nostalgia por el cocoliche de la nona, el cuadro histórico que enmarca una obra como *Babilonia* aprovecha admirablemente una determinada circunstancia sociolingüística como sostén semiótico de la representación de una determinada realidad vital en la cual Babilonia lo mismo dice de la cacofonía lingüística como de la disgregación social: "PICCIONE ¡Retíranse, sirvientes! Ya no se puede vivir ne con lo de arriba ne con lo de abajo. Está todo pútrido [...!]" (396).

Teatro Abierto `81: una cultura para la resistencia (el caso de *Gris de ausencia* de Roberto Cossa)

La importancia de Teatro Abierto 1981 está fuera de duda: el conjunto de las veintiuna obras de un acto pasaron a la historia teatral de América Latina al desafiar de una manera inapelable la censura vigente, convocando la más entusiasta acogida que se haya visto por esos años entre el público porteño. Sin embargo, el grueso de la crítica sobre este movimiento se ha ceñido al conjunto de las veintiuna obras, sin mucho esfuerzo por particularizarlas como aportes independientes. Dicho esto, habrá que reconocer que la preponderancia de la crítica global, de destacada índole sociohistórica y política, es de entenderse llanamente, dada la importancia de Teatro Abierto, como el fulminante gesto de una cultura de resistencia dentro de un compacto entorno fascista que trasciende el transitorio momento militar.

Sin embargo, parecería que ha llegado el momento de operar la discriminación particularizadora, de volver sobre los textos individuales de Teatro Abierto, para auscultar en ellos como singulares instancias de una interpretación del texto histórico argentino no restringida a ese infausto momento institucional. La propuesta de este trabajo es efectuar tal auscultación con referencia a *Gris de ausencia* de Roberto Cossa, indudablemente uno de los voceros más potentes del neogrotesco teatral argentino, quien se había destacado unos cinco años atrás con, probablemente, la pieza más tajante –por lo menos la indudablemente más reconocida a nivel internacional– en arrojar una imagen de las estructuras autoritarias que alimentan a la sociedad argentina, en la figura de la epinómica, itálica Nona de todos.

Gris de ausencia en cierto sentido se aúna con *La nona*, en la medida en que la obra gira en torno al sacrificado –y alzheimerizado– Nono de todos, personaje en el cual se da cita un amplio espectro de coordenadas culturales de la República Argentina. Lo que insta a perfilarse es cómo esta obra maneja, en eficaz conjugación semiótica, el espacio teatral y el espacio sociocultural, para insinuar una desgarrante interpretación de la suerte del exilado de la represión tiránica.

La obra de Cossa se desarrolla en un Restaurant Argentino en pleno seno romano. La familia que se defiende en el exilio en tal empresa está encabezada, en una de las muchas ironías terribles de Cossa –verdadero as en la concitación de tales detalles– por Dante, quien junto con su mujer y su hermano y su mujer, regenta el gauchisísimo local de comida pampeana. En el contexto de los diarios quehaceres comerciales, irrumpen la hija de Dante y Lucía, Frida, quien vive en Madrid, y el hijo, Martín, quien se entrega a desvivir su pasado argentino en Londres.

Evidentemente, lo que comienza a perfilarse en seguida en la obra de Cossa es la multiplicidad de los espacios, junto con una subsiguiente conminación al espectador de descodificar la multiplicidad de los espacios en términos de la lectura de la sociedad argentina que pretende proporcionar el texto. De más está decir que el concepto de los espacios se desplaza desde un eje literal –espacio geográfico, espacio teatral, espacio del cuerpo de uno– hacia un eje alegórico –el espacio del exilio, el espacio del recuerdo, el espacio de la vivencia de uno, por múltiple y desencontrado que sea–.

La familia de Dante se encuentra en el exilio, presuntamente debido a las persecuciones tiránicas. Lo mismo da que éstas sean por razones políticas o por razones económicas, en un entendimiento de la dinámica social donde lo social y lo económico son dos caras de la misma moneda. Dante y compañía no tendrán que haberse entregado a la llamada guerrilla subversiva para luego verse obligados a valerse de la diáspora europea: el reajuste de la plata dulce y sus derivaciones produjeron el mismo número de marginados sociales que cualquier tipo de activismo político y a veces en dimensiones más estridentes, por carecer de una acompañante aureola ideológica revolucionaria: luchar para parar la olla en estos contextos se vuelve tan subversivo como abogar por la utopía social. De ahí que la Trattoria la Aryentina sea una figura alegórica, con toda la resonancia teórica de tal denominación, del espacio vital de la familia de Dante.

El primer detalle teatral que descuella en la obra de Cossa es la organización del espacio simbólico del teatro para que toda la acción se desarrolle en el trasfondo de la trattoria. La posibilidad más canónica para este trasfondo puede configurarse con un lujo de detalle naturalista, procurando en el máximo grado posible aparentar el ambiente familiar de una familia pequeñoburguesa de barrio porteño. De esta manera se marca elocuentemente la línea divisoria entre un espacio que es la proyección hacia el mundo de exilio –el espacio de los clientes que se dan el lujo pasajero de un buen bife argentino y acompañantes– y un espacio que destila todas las degradaciones del exilio en el extranjero. Es archisabido que el exilio es la traza definidora de la cultura latinoamericana: desde el Inca Garcilaso de la Vega, pasando por Ruiz de Alarcón, Gómez de Avellaneda, Darío y una hueste de figuras contemporáneas, la producción cultural de América Latina siempre ha presentado un fuerte cariz del destierro, sea la brutal separación del terruño, sea el torturante fenómeno de exilio interno de las voces

clandestinas que atentan, a veces con regocijante éxito, a veces con siniestras consecuencias, contra el autoritarismo hegemónico. El exilio se caracteriza por la presencia de la ausencia, por el peso del donde no está uno, de
la patria perdida y anhelada, de la memoria cultural y lingüística que se
sostiene contra viento y marea, para afirmar con soberbia y posiblemente
con alevosía que uno no pertenece al espacio donde se encuentra. Cuando
se produce la asimilación, cuando uno se resigna camaleónicamente a ser
parte de la vivencia donde se encuentra, se volatiliza la autoidentidad del
exilio y los espacio del aquí y del allá se confunden irremediablemente.

En la obra de Cossa, la puerta vaivén entre el espacio de los clientes y el
espacio de la familia se proyecta como el marcador rector de la obra, en la
medida en que define y sostiene la condición de la familia como exilados,
como no integrados a la sociedad donde se encuentran. Las razones de su
desubicación como también la razones de su no asimilación no vienen al
caso: las cosas son como son, y el espacio da testimonio de ellas. Lo que se
vuelve en particular divertido de la obra es cómo se pautiza esta circunstancia. Por un lado, están los hijos, uno en Londres y otra en Madrid.
Aunque la hija sigue hablando castellano, queda harto obvio que no tiene
nada que ver con los registros sociolingüísticos de los viejos. Los hijos siempre hablan un sociolecto que no es el de sus padres. Sin embargo, la
deslocalización de esta familia provoca y produce una circunstancia donde
la comunicación se va atenuando debido a una multiplicidad de factores que
median entre una comprensión del español argentino de *allá* y el español
madrileño de *acá*. Si madre y padre están congelados en un espacio
sociolingüístico que no tiene nada que ver con el lenguaje de la hija, hasta
Chilo, el tío bonachón con el que Frida siempre ha tenido una relación
privilegiada, tiene que resignarse a dar cuenta de la alienación que se ha
producido:

CHILO–(*A Frida*.) ¿Vos no te acordás?
FRIDA–No... Casi nada. (21)

En el caso de Martinchito, hijo conjurado con un diminutivo que resume
el cocoliche de **acá** (el argentino asimilado al italiano, y no el italiano asimilado al argentino), ya ni se acuerda del castellano. Se ha colocado definitivamente en la vereda de **allá** –la Inglaterra que es la no Argentina de
acá– y el otro **allá** –la Argentina de su nacimiento y de las melancólicas
añoranzas de sus viejos– deja cada vez más de existir. Posiblemente el
diálogo más desgarrador de la obra de Cossa sea la conversación telefónica
entre madre e hijo (al que nunca se ve ni se escucha en la obra), donde
queda patente el hecho de que no se entienden para nada. El hecho de que

el hijo haya dejado de entender el castellano y de que la madre le hable en un italiano que nunca ha sido el vehículo de comunicación entre los dos, sólo sirve para confirmar la radical desubicación y disgregación simbólica que se ha producido en el núcleo familiar:

> LUCIA–(*Al teléfono.*) ¡Martinchito! Figlio mío. ¿Come vai? (*Pausa.*) ¡Qué come vai! (*Escucha con un gesto de impotencia.*) ¡Ma non ti capisco, figlio mío! ¿Come? ¿Quí è mader? ¡Ah… mader! Sí, sono io. ¡Mader! (*Dirá todo lo que sigue llorando y sin parar.*) Ho nostalgía di te. ¿Quando verrai a vedermi? ¿Fa molto freddo a Londra? (*Escucha.*) ¿Come? ¿Come? ¿Cosa è "andertan". (*A Frida.*) Diche que "no andertan". *Frida va hacia ella y le saca el tubo.*
> FRIDA–¿Martín? Soy yo, Frida. ¡Frida! ¡Tu sister! ¿Cómo estás? ¡Que cómo estás! (*Pausa.*) ¡Que how are you, coño! Nosotros bien… ¡No-so-tros! (*Hace un gesto de impaciencia.*) Noialtri… Noialtri good. ¡Good, sí, good! […] No entiendo, madre. (22-23)

El desfasaje lingüístico que se impone aquí tiene que ver con tres idiomas y cuatro instancias espacio-culturales: el inglés/Londres, el español/ Madrid y el italiano/Roma, todo regido por la lejana y borrada imagen de una Argentina que ya no pertenece a nadie, ni a Martín, ni a Frida, ni a Lucía. Mucho menos que un refugio contra la disgregación sociolingüística y cultural, el trasfondo de la Tattoria la Aryentina es más bien un raído babel, un lugar que dice, con una elocuencia patéticamente invertida, de la perturbación que el exilio ha provocado en el núcleo familiar de Dante. Es por eso que la figura rectora de esta perturbación es el Abuelo enajenado y chocho. El Abuelo, que remeda una y otra vez el tango "Canzoneta", personifica el doble exilio que alimenta el carácter argentino-porteño. Sin saber dónde está, sin saber qué idioma hablar, sin saber qué recuerdos albergar, el Abuelo ejemplifica el italiano que hace la América en la Argentina, cortando amarras con su cultura de origen, al mismo tiempo que ejemplifica el "argentino" que, gracias a las desavenencias institucionales de su patria, se ve obligado a emigrar y defenderse lo mejor posible en otro espacio social. Italiano que es exilado político en su propio país de origen, al Abuelo le dan cuerda para que toque "Canzoneta" y otros tangos para amenizar la consumición de un menú "aryentino" en plena Roma, sin que en última instancia pueda discriminar entre ser italiano en la Argentina, ser argentino en Italia, hablar español con sustrato italiano, hablar italiano con sustrato ya argentino, recordar a Perón como una revisión de Mussolini, o recordar a Mussolini como una revisión anticipatoria de Perón –y ya a esta altura las mutaciones combinatorias comienzan a enloquecer a cualquiera–.

En *Gris de ausencia* el espacio escénico es literalmente una tierra de nadie, pues el espacio vital semiotizado en la obra no pertenece a nadie —por lo menos, no pertenece a ninguno de los personajes que lo ocupan, y menos al Abuelo que ha regresado a su país de origen sin ni siquiera saberlo—. Su interrogación al final de la obra, "¿Cuándo vamo a volver a Italia?" (27) —el reclamo de todo exilado, y aún más del que se sabe repitiendo un esquema que es una constante en la vida sociopolítica de su patria— se vuelve emblema de cómo el territorio familiar que es el escenario visible de la obra en realidad no pertenece a ninguno de los personajes y, efectivamente, da materialidad evidente de su desarraigo físico, sociolingüístico, espiritual y así sucesivamente. La Argentina de **allá** queda irrisoriamente plasmada en el kitsch que el espectador imagina caracteriza al espacio del otro lado de la puerta vaivén, al mismo tiempo que ese mismo espacio es el terreno enajenante de **acá** —la Italia donde uno está permanentemente de paso, donde los hijos no están porque tienen vida en otra parte y en otros idiomas, y donde ni el Abuelo, italiano de pura cepa, puede estar como si perteneciera—. De esta manera, todos los espacios convocados por *Gris de ausencia* se transforman en espacios irreales y fantasmagóricos: la Argentina que se abandonó para, a lo mejor, jamás recuperar (Dante, después de todo, no es un sonado caso de un intelectual/artista tránsfuga), el Londres donde el hijo, a lo mejor avergonzado de su pinta ítalo-argentina, se desnuda para siempre de su identidad latina, el Madrid donde el coño posmo se desentiende airadamente del mistongo arrabal, y la Roma donde la cocina argentina es tan solamente otro atractivo turístico.

Si el diseño escenográfico de esta pieza puede abundar en toques criollos, comenzando por el atuendo de chiripá y poncho de Dante (y el espectador tiene que desternillarse de la risa cada vez que ve al fornido tipo gauchesco con semejante nombre poético) y terminando por el aspecto acriollado del Abuelo tanguero, el espacio del desarrollo teatral en sí solo se puede entender como el no espacio: disolución cultural = disolución lingüística = disolución ambiental. *Gris de ausencia* no teatraliza la reubicación sociocultural del argentino exilado, sino que teatraliza su no ubicación, el teatro como el espacio del no espacio, donde los parámetros de la identidad cultural, perfilada fundamentalmente en los códigos lingüísticos y en las transacciones interpersonales, ceden lugar al enorme vacío que trasciende terriblemente los confines espaciales del mero espacio escénico:

> LUCIA–Tu lucar... tu lucar... ¿Quié lo a deto? ¿Dío a deto que tu lucar está a Madrí? ¿Dío a deto que mi lucar está a Roma? ¿Que el lucar de Martín está a Londra? ¿Eh? ¿Dío lo a deto? ¿Qué è Dío? ¿Una ayencia de turismo? (16)

Entonces, podemos decir, en los términos generales de una politización del espacio en las piezas de Teatro Abierto parangoneado por un texto como *Gris de ausencia*, que el esfuerzo semiótico –el de la configuración de la obra desde el proceso de producción y pasando por el cuerpo de los actores, y el esfuerzo de la decodificación perseguido desde la platea por el espectador– gira en torno a un reino imposible. A pesar de las cualidades neorrealistas de muchos de los textos, una estrategia teatral que uno podría pensar que funciona para conjugar desafiadamente, contra el peso del ojo escrutador de la censura, una fiel imagen de la vida argentina bajo la dictadura, se trata más bien de perfilar un espacio discursivo de lo que *no* existe: un mundo social donde la alienación del individuo de su propia identidad no se vuelva problemática y donde no sea un índice de los estragos del autoritarismo, sea el de la dictadura militar o el de una opresiva dinámica social naturalizada. La familia de Dante no puede refugiarse en lo que podría parecer, a primera vista, el acogedor ambiente del trasfondo porteño de su trattoría en Roma. Todo lo contrario: la vida llevada a cabo, un pequeño fragmento de la cual nosotros presenciamos a través de la cuarta pared del teatro, no es *ni* la vida de un *allá* remoto y desdibujado, *ni* es la vida de un *aquí* reconstituyente. Tanto las confusiones delirantes del Abuelo como el macarronismo lingüístico de sus hijos y nietos confirman esto ampliamente. Puede que Dante, el paterfamilias, sea el único que no atraviesa este proceso afásico del lenguaje, pero son precisamente sus precarios y patéticos esfuerzos por mantener un centro simbólico para el espacio discursivo del exilio lo que la obra revisa.

Meno male! de Juca de Oliveira y la inmigración en el Brasil

> ANGELINA No, papà non fare il cattivo!... E non parlare l'italiano, papà... Quando appare l'italiano, diventi una bestia! (25)

Es indudable que, dentro de una crítica radical de la subjetividad y de la problemática de la identidad, la cualidad definitoria del lenguaje –sea en términos sexuales, nacionales, étnicos o raciales– tiene que desplazarse en función de cómo el sujeto, lejos de expresarse mediante su lenguaje, queda inapelablemente definido por él. El lenguaje en sus complejos y múltiples estatutos como "lengua materna" proporciona uno de los primeros, fundamentales y nunca transcendidos procesos de ubicación social del sujeto. De ahí que ciertos parámetros de la identidad nacional puedan tensarse sobre el imperativo de imponer una lengua común en aras de la unión social,

donde el aferrarse a un idioma que el sujéto político viene arrastrando de
un pasado supuestamente repudiado puede concebirse como una resistencia a la asimilación dentro de la que se forja dicha unión social, y contexto
en el cual el hecho de aferrarse a un idioma que debe haberse superado
constituye un atentado disolvente frente a la sociedad huésped del inmigrante. En el ámbito norteamericano, por ejemplo, la receptividad frente a
la diferencia lingüística del adinerado, "Se habla español", va pareja con la
política de "English Only" (la obligación legal de hablar únicamente inglés
en los sectores oficiales) frente al inmigrante rezagado y reacio en el cumplimiento de su deber cívico de hablar el idioma nacional.

El Brasil, así como la Argentina y los Estados Unidos, es un país donde
la diferencia lingüística marca las dimensiones del proyecto inmigratorio en
conflicto con el asimilacionismo sinergético. En la medida en que el inmigrante se resiste a incorporarse al idioma nacional, se confina a una subalternidad política reproducida una y otra vez en los detalles de su manera de
ser: la comida, la ropa, las costumbres, el ethos y una conciencia de mino-
ridad no partícipe en la dinámica del poder. Si bien es cierto que una sociedad como la de México se ha mostrado fundamentalmente intolerante a la
alteridad (sea la del inmigrante, sea la de los reductos indígenas) y que, por
el contrario, el Brasil y la Argentina continúan manifestando la presencia de
colectividades marginales más o menos toleradas, la plena participación
política, como inflexible ley social, sólo le corresponde al que habla sin
rasgos diferenciadores el idioma nacional (y, por supuesto, sin rasgos diferenciadores, los sociolectos mediante los cuales se detenta el poder).

Hay una amplia bibliografía de producción cultural donde auscultar esta
realidad social: en términos de teatro no hay que mirar más allá del teatro
del argentino Armando Díscepolo, en el cual la carencia del poder goza de
una relación proporcional al grado de asimilación del individuo a las estructuras sociales, siendo la más categórica la del idioma; véanse también los
casos de la problemática lingüística que he estudiado en relación con el
teatro judeo-argentino. En el Brasil, dicha realidad social se puede compulsar más elocuentemente en el caso de los descendientes del inmigrante
forzado, los esclavos africanos, tal como se patentiza en el "teatro negro"
de António Callado (alternativamente, en el "teatro indígena" de Márcio
Souza la trágica nobleza de los oprimidos únicamente se confirma al hablar
estos con el idioma y los registros estilísticos de los opresores).

Meno male! de Juca de Oliveira, aunque no disiente –no puede disentir–
de la realidad sociopolítica de una sociedad de inmigrantes, marca sin embargo un sigificativo paréntesis en el esquema dominante. Nicola es un
taxista de segunda generación –hijo de inmigrantes e hijo de un taxista– en
el seno metropolitano de São Paulo. Aunque él habla perfectamente bien el

italiano, y de hecho insiste en comunicarse únicamente en dicho idioma, con salidas macarrónicas en portugués, su hija, Angelina, de dieciséis años, ya ejemplifica el traspaso a la hegemonía del idioma nacional. Ella entiende el italiano y a veces opta en momentos de afecto por comunicarse en él con su padre (a los efectos de la pieza, se trata de la norma literaria, la cual dista mucho de los dialectos regionales y de clases marginadas hablados por los inmigrantes taxistas hijos de taxistas...). Sin embargo, Angelina se desenvuelve principalmente en portugués y es evidente que, por lo menos hasta la humillación que sufre al final de la obra, tiene toda la intención de trascender el mundo cerrado de su padre, un mundo que cela aplicadamente, sin violencias físicas pero con el no menos autoritario chantaje emocional sintetizado en el retrato de la fallecida compañera/madre y un disco del cantante Mario Del Monaco, éste un ícono de la cultura a preservar.

Como consecuencia de esta vivencia de inmigrante en discordia, Angelina se ve obligada a emprender una doble vida: una donde cumple con las normas impuestas por su papá y otra donde se entrega a la promesa de la moderna vida citadina. Esta vida se concretiza para ella en un lance amoroso que tiene con Dom Alberto, poderoso Secretario de Estado y aspirante a candidato para gobernador. En torno a Dom Alberto se conjugan todos los elementos paradigmáticos de un estadista corrupto, al que uno debería evitar la tentación de interpretar como épitome de la sociedad del depuesto Presidente Collar únicamente debido a que éste indefectiblemente destila una ética política históricamente más generalizada: paternalismo/favoritismo/compadrismo, liquidación de la hacienda y del patrimonio público al mejor postor, entreguismo personal conforme a una rígida jerarquía del más poderoso, junto a la obsecuencia del que ocupa un escalafón inferior del poder, oportunismo e inmoralidad en la conducta privada, junto con la suspensión de las normas, las obligaciones y las leyes en relación a la encrucijada circunstancial del poder. Dom Alberto transa con todo, tanto lo público como lo privado, en la acumulación del poder personal, y de esta manera puede servir como eje de la configuración de un mundo social donde lo político, lo nacional, lo brasileño constituye una cadena sinecdóquica de un mundo degradado y degradante.

Angelina penetra en este mundo cuando se enamora bobamente de Dom Alberto un día que éste se dirige a los alumnos de su colegio. Sus esfuerzos para acercarse a él tienen fruto cuando se convierte en su amante clandestina, llamándolo a la Secretaría y fingiendo delante de su padre que está arreglando un encuentro con una amiga para estudiar cuando en realidad se trata de una cita amorosa. El engaño se descubre cuando Dom Alberto choca con su Mercedes el nuevo taxi de Nicola y éste se entera de que su hija estaba en el auto con el Secretario. Como es de esperarse, poco puede

Nicola contra el poder de Dom Alberto (deparado en la consabida pregunta imperiosa "O senhor sabe com quem está falando?" [49]), y se ve obligado a presenciar la doble humillación de su hija, primero al saber que ella viajaba en el auto de Dom Alberto y segundo al verla repudiada por el Secretario, quien de ninguna manera va a reconocer públicamente que disfruta de una relación erótica con una menor y menos delante del padre de ésta y los empleados de su propio fuero del poder. Al verse reducida a una aprovechada cualquiera, Angelina despierta a la realidad social de su lugar en el mundo y acepta regresar a la humilde casa de su padre; Dom Alberto, por supuesto, sale del entrevero con las manos limpias. Hasta abandona Nicola el cheque de indemnización que Dom Alberto le ha dado por los daños a su taxi (lo guarda el esbirro del Secretario, se supone para cobrarlo él), para no ensuciarse con el lucro de la corrupción.

Lo que caracteriza el encuentro en Dom Alberto y Nicola, así como el encuentro de éste con los allegados del Secretario, es el hecho de que, salvo alguna que otra palabra en portugués, comunica exclusivamente en italiano, conformando de este modo, si no un diálogo de sordos, por lo menos dos dominios lingüístico-culturales que no llegan nunca a converger. De más está decir que no se trata de una divergencia lingüística, pues la antifonía de idiomas perfila más que nada las inapelables diferencias en el poder social que separan entre sí a Nicola y Dom Alberto:

> NICOLA Non mente pra mim! Non mente pro teu papà *(Angelina começa coramingar.)* E cosa facevi? Ah, già, son innamorati!... [...] Ma é una menina! Maledetta! *(batendo em Angelina)* Io t'ammazzo! Cosa hai fatto, maledetta
> ALBERTO Pára com isso, Seu Nicola, pára!...
> *Nicola abandona a filha e parte para cima de Alberto, que foge correndo pela sala.* [...]
> NICOLA Figlio de una puta! T'ammazz! [...] Sei un uomo morto! Figlio di una puttana. Oggi, domani, fra un secolo, io ti mato, lo giuro! (70)

Aunque el italiano de Nicola en ciertos momentos determinados se mimetiza con el portugués en el cual se expresa toda la escena de confrontación, su autocaracterización como padre ofendido, como obrero burlado y como marginado social/hijo de inmigrante menospreciado se lleva a cabo con parlamentos básicamente en italiano. Oliveira aquí aprovecha que el contexto general y la actuación ayudan a aclarar el sentido de lo que dice Nicola, amén de que en el fondo los dos idiomas se aproximan lo suficientemente como para que no haya grandes dificultades de comprensión. Así, como en las primeras escenas de la obra el italiano de Nicola servía para marcar las diferencias entre los valores del hogar del inmigrante y la vida sofisticada a la que Angelina aspira, en el enfrentamiento nuclear de la obra, menos que señalar las diferencias entre inmigrantes y nacionales, sirve para explicitar las divergencias entre los poderosos y los marginados.

Se observó arriba que Angelina penetra en el mundo del poder que se aglutina alrededor de la figura de Dom Alberto. Sin embargo, la disposición del espacio escénico señala otra disposición de los mundos. Dividido éste en tres ambientes –a la izquierda, el living de la casa de Nicola y, a la derecha, la cocina de la misma, y en el medio, con múltiples niveles, las oficinas del Secretario– lo que más se representa es la incursión del dominio del poder en el mundo de Nicola y Angelina. Por eso, cuando cae el telón, el dominio del poder queda vacío y Nicola, desde su living, escucha a su hija contestar el teléfono y aceptar un compromiso con un amigo llamado Giovanni. Nicola dice "Giovanni... Meno male!" (78).

La pieza de Oliveira será, si no teatro utópico, transitoriamente poco realista en la afirmación de la posibilidad de habitar un dominio ítalohablante como resguardo contra la hegemonía del portugués y de ahí, la hegemonía de las estructuras dominantes que tarde o temprano terminarán asimilando al inmigrante, si no a sus hijos, a sus nietos. Pero no sabemos si Giovanni habla italiano o no y no sabemos en qué grado se identifica con la hegemonía de la sociedad brasileña. Por el momento, baste que se llame Giovanni y no João como muy mínima postergación de la inevitablemente histórica desaparición de la diferencia cultural y lingüística.

Capítulo III
PRÁCTICAS DISCURSIVAS ANTE LOS
CONFLICTOS SOCIALES

Los negros catedráticos (1868) de Francisco Fernández: paradigma del teatro contestatario de la cultura negra

Gramática y retórica son dos polos rectores de una concepción teórica contemporánea del lenguaje, en términos de los cuales se configuran, no dos opciones de enunciación, sino más bien varias conjugaciones de los mismos. Por gramática, en sentido tradicional, se entiende la normalización –académica, clasista, autoritaria– del habla: la codificación y la transmisión de un complicado esquema de condiciones estructurales (que van desde las reglas fonológicas hasta las léxicas e incluyendo la morfosintaxis, campo al que comúnmente se reduce el término "gramática" en la actualidad). El grado en que el hablante cumple o no con esta codificación lingüística determina su ubicación dentro de una extensa gama de coordenadas socioculturales, y en algún sentido, especialmente con respecto a los sociolectos entendidos como clásicos y/o estrictamente académicos, el individuo que aspira a calificarse como culto goza de poco margen para sus propias invocaciones estilísticas, siendo vista cualquier desviación de la norma como un caso de conocimientos imperfectos o un caso de inadmisibles solecismos voluntariosos. Como zona emblemática de dicha concepción del lenguaje, se podría señalar la función esencialmente sociolingüística de las irregularidades verbales, cuyo acertado manejo no puede menos que manifestar un alto grado de normalización.

Todos los idiomas descansan en una gramática. Se suele entender por tal término la confección de un metasistema, sostenido en un texto (paradigmáticamente escrito para facilitar su divulgación) que da cuenta explícita de la codificación realizada por el sector asociado con dicha empresa, ya sea el sacerdocio (en aras de fijar el sentido de los textos sagrados), la academia docente (en aras de aleccionar una casta mandarina cuya intercomunicación y poder se fundamenta en un lenguaje aceptado como convencional), o la academia guardiana (en aras, como proceso de institucionalización y monumentalización, de "limpiar, fijar y dar esplendor", ora aprobando procesos considerados consecuentes con la tradición de la lengua, ora denunciando aquellos considerados lingüísticamente alevosos). Si bien los idiomas hegemónicos de nuestra civilización moderna representan el caso del lenguaje profundamente gramaticalizado, es también verdad que sería imposible imaginar una lengua, por reducido que fuera su radio sociocultural y por sencillas que fuesen las instituciones que sustenta, que no presentara un alto grado de gramaticalización. Lo único que varía, dentro de una concepción del cambio lingüístico, es la naturaleza de las varias facetas de des-, extra- y renormalización como procesos inherentes a todo idioma vivo.

Por retórica, en cambio, se entiende la dimensión afectiva del lenguaje, en la que cada individuo se vale de los márgenes de anormalización de un idioma para imprimirle su marca personal. En una dimensión, es esto lo que se entiende por poesía (o la semiosis poética), donde, por lo menos en una concepción estética radical, cada enunciación poética es esencialmente agramatical. Es lo que se entiende también en la proposición saussuriana sobre el habla, donde el ejercicio dinámico del individuo es siempre una reformulación de la base gramatical (llamada "lengua" por de Saussure), vista así como abstracta por cuanto como tal no es articulada por nadie, siendo tan sólo la potencialidad estructural de cada lengua. Pero por retórica se entiende también la práctica enunciativa del individuo que se intersecta —como resistencia, como ingenio, como una exhibición personal— con las normas gramaticales, para configurar el caso singular de cada acto lingüístico. Dentro de esta concepción, en un nivel la retórica es algo inconsciente, en la medida en que el individuo no puede menos que operar una discriminación entre él y los otros; mientras que en otro nivel se trata de un procedimiento consciente como estrategia de poder discursivo.

Debería resultar evidente que una teorización sobre la expresión verbal como la que se está exponiendo aquí deja poco o ningún lugar para la idea de la lengua como la transmisión llana y transparente del significado, algo como una concepción de un lenguaje "natural" que no precisa de normalizaciones, codificaciones y metragramáticas porque sus estructuras son tan evidentemente propicias a la transmisión de los significados, tan poco mediadas por una problemática de la significación que nunca podrían ser de otra manera, nunca podrían presentar complicaciones y cualquier error en su utilización resulta de una lamentable deficiencia orgánica en el individuo. En cierto sentido, una variante de esta formulación sustenta el mito de la claridad de la lengua francesa o la tan mentada universalidad del latín, aunque en el mundo contemporáneo se sostiene más la propuesta de que aprender correctamente la gramática de un idioma y manejarla con respeto y discreción es lo que le permitirá al individuo alcanzar la comunicación exacta y desenvuelta.

En el caso de un texto dramático como *Los negros catedráticos* (1868), del cubano Francisco Fernández (fechas desconocidas), el particular mérito de la obra, como ejemplo del movimiento teatral contestatario de la cultura negra en Cuba, llamado teatro bufo, reside en la semiosis realizada conforme con los parámetros de gramática y retórica y su intersección como praxis sociocultural. La obra, que consta de tres partes (en la tercera colaboró con Fernández Pedro N. Pequeño), siendo la primera la más calificada en términos de su escritura, relata un caso social muy sencillo: Dorotea, habiéndose comprometido a casarse con Ricardo —los dos son hijos, respectivamente, de Aniceto y Crispín—, con el beneplácito de su padre, termina decidiéndose por José. Aunque éste es un "negro congo" (es decir, de nacimiento no cubano; "congo' aquí parece usarse en términos genéricos para decir extranjero, de Africa, algo como un vago sinónimo de "congolo", el gentilicio propiamente dicho del Congo), dispone de ahorros de subido monto, gracias a su empeño como trabajador en los muelles. Dorotea se casa con José y luego muere, habiéndole sacado todos sus ahorros. El hijo de los dos, Hércules, un "negro cheche" (catrín), hecho a la vida alegre, da testimonio de la explotación del padre que ha efectuado Dorotea. Pero al final de la obra, José se rebela, pone en vereda a Hércules (le dice que tiene sólo dos opciones: o trabajar o cobrar palos), lo da en matrimonio a la pobre pero honrada Tomasa, y renuncia de una vez por todas a las pretensiones sociales de Aniceto. Aniceto y Crispín, que han venido a menos a lo largo de la obra, ejemplifican el rastacuerismo que se agudiza aún más en el caso del negro (ex)esclavo que aspira a asimilarse a la sociedad blanca. La clave de esta asimilación es el "catedratismo", una forma pretenciosa de hablar que pretende resumir los conocimientos del hombre culto, especialmente en las ciencias, las matemáticas y la gramática. Verdadera consigna del poder social, el habla catedrática es una herramienta para imponerse al otro, para marcar la distinción académica de uno y la vulgaridad inapelable del otro. Cuando José, gracias a sus ahorros, puede arrimarse a la sociedad advenediza de Aniceto y compañía, su suegro emprende un programa de aculturación y adecentación del negro congo para hacerlo merecedor de su nueva condición. Pero José nunca puede asimilarse a la norma, lo cual lo hace objeto del desprecio de su suegro, de su mujer y luego de su hijo; y cuando se rebela al final de la obra, imponiéndose a Hércules con plena patria potestad, marca su reincorporación al sector social no catedrático del que proviene en el inicio de la obra.

En su edición del texto, Montes Huidobro describe con lujo de detalle los orígenes del teatro bufo, del fenómeno de los negros catedráticos, los procesos lingüísticos y los vínculos de la temática del arribismo social en sus dimensiones étnico-raciales, con la historia social de Cuba, lo cual "nos hace pensar que el bufo anticipa terribles realidades del teatro y la vida cubana del siglo XX" (57). Además, *Los negros catedráticos* se rige por una ética de la conducta, que a través de José confirma la dignidad del trabajo y la imposibilidad de negar nuestra más legítima identidad. Mediante este personaje la obra queda libre de toda connotación racista. El personaje ha efectuado un recorrido hacia sí mismo y es el signo positivo que se enfrenta a la bastardía de los intereses materiales. Por encima de la palabra, a pesar de todo el juego intelectual que la misma pueda representar, la ética de la conducta, que es un principio martiano, es y será siempre lo esencial: sentido último de esta batalla del lenguaje. (57)

Es evidente que hay dos procesos de resistencia cultural que operan en *Los negros catedráticos*. Montes Huidobro se refiere a ellos por separado, pero no deja de conjugarlos sólidamente. Por un lado, se trata del teatro bufo, del cual el texto de Fernández-Pequeño es tan sólo uno de los ejemplos sobresalientes: "es una forma de revolución contra el orden establecido [de la sociedad blanca, obviamente] mediante el "todo-vale" del léxico y el absurdo" (24-25). Montes Huidobro se está refiriendo globalmente aquí a las torpezas estilísticas y al desenfrenado tropismo (donde el esfuerzo del autor animando a sus personajes se cruza con los propios esfuerzos de ellos como cifras de un determinado fenómeno sociocultural negro cubano, el catedratismo arribista) de los textos del teatro bufo, en los que como producción cultural se opone burlando a las modalidades artísticas del orden (blanco) establecido, especialmente la ópera metropolitana en sus esplendorosos remedos criollos (véase el ejemplo argentino del *Fausto* [1866] de Estanislao del Campo [1834-80] [Anderson Imbert]). En este sentido, el teatro bufo constituye globalmente un antidiscurso de la hegemonía cultural y se pueden rastrear y pormenorizar, como bien lo hace Montes Huidobro, los marcadores específicos de su reescritura contestataria del discurso sociocultural dominante, haciéndose eco pero en forma degradada, en la cual se tergiversan los conceptos científicos-matemáticos y los principios del habla gramatical con el propósito de recalcar la soberbia separatista y prepotente que destilan frente al alegado vulgo inculto (y, por inculto, carente de poder).

Si el teatro bufo ejemplifica la resistencia desde una determinada producción cultural, al nivel de esta misma producción hay una resistencia interna, siendo ésta la base del conflicto entre dos sectores de la sociedad subalterna. Si por un lado Aniceto y sus allegados dicen del arribismo del subalterno en su afán de asimilarse al poder, José representa a fin de cuentas tanto el subalterno despreciado por el advenidizo como el que se separa tajantemente de sus pretensiones, en la reafirmación de la vida sencilla y honrada que acota Montes Huidobro en la cita anteriormente transcripta. El catedratismo es el punto eje de la reduplicación de esta postura de la resistencia, reduplicación que Montes Huidobro deja de reforzar adecuadamente. Porque si el decir catedrático es un remedo del discurso culto del (blanco) hegemónico (como su ópera lo es de la producción metropolitana), el grado en que el catedratismo constituye una versión degenerada, risiblemente pervertida, del habla hegemónica, aunque sin perder nada de su impulso hacia el poder impositivo, la oposición a él de un José sencillo es una segunda inscripción de la resistencia. Vale notar que la resistencia de José no se fundamenta en algo así como un hablar natural. Efectivamente, como extranjero inculto, su castellano es casi ininteligible tanto que Monte Huidobro considera necesaria la retranscripción de sus parlamentos en un lenguaje standard en las notas. Cuando se le impone a José el criterio de aprender a hablar como catedrático (cosa que hace tan desencontradamente que se trata de una distorsión de una distorsión), las retranscripciones dejan de ser pertinentes, pues se asimilan, como él se está asimilando en el mundo social de la obra, a la norma gramatical de Aniceto y compañía. Tomasa es la equivalencia "nativa" de José, y es por eso que se confirma la rebelión definitiva contra el catedratismo al insistir en que Hércules, al abandonar su vida de vago, se case con ella como parte del programa de hacer de él un hombre derecho.

Ahora, podría preguntarse muy bien dónde se inserta *Los negros catedráticos* en el esquema de gramática-retórica que hemos expuesto. Es evidente que el catedratismo resulta ser una siniestra amalgama de los dos primos lingüísticos. Pensando que se trata de una normalización académica que proporcionará la cultura y por ende el poder sociopolítico, el catedratismo es una perversión de la gramática mediante los recursos de la retórica, siendo ésta vista aquí como los turbios márgenes degradantes de la expresión verbal, la zona en que la palabra pierde los estribos para convertirse en algo así como una basura tóxica del habla. De esta manera, el catedratismo se erige, tal como se interpreta en el teatro bufo, como una postura contestaria frente al discurso del poder en la Cuba colonial, donde adherir a la norma gramatical de la metrópoli (la cual será implacablemente autopsiada por la Generación del 98 tras la debacle de la pérdida de Cuba con la invasión norteamericana), genera en sí una expresión de pesadilla en su esfuerzo por ser culta y decente, digna de una de las últimas trincheras del

ahora andrajoso imperio español. Nada menos propicio para la reivindicación del subalterno, aunque se puede sospechar que en realidad pocos sub-
alternos subscribían en la realidad histórica el catedratismo. Más bien, se
trata de una producción social en la que, como si realmente se subscribiera,
el catedratismo apalabra con torva elocuencia una terrible condición social
de la sociedad cubana colonial en sus postrimerías. Aquí, la retórica, lejos
de ser un instrumento de la resistencia, funciona como una excrecencia de
la gramática, un síntoma de su podredumbre inherente como signo de una
sociedad que descansa sobre escombros ideológicos (donde los esclavos se
reivindican mediante la asimilación al habla del dueño maestro). Irónicamente, la retórica, en el sentido de una resistencia a la norma gramatical,
se encuentra por un lado en el ideolecto casi ininteligible del negro congo
(en contraposición al cual se convida al espectador a avergonzarse por entender demasiado bien al decir catedrático) y por otro lado en la expresión
sin vueltas, sin pretensiones de Tomasa. Aunque el habla de ella se caracteriza por los trazos del costumbrismo de la época (dice "amol" por "amor"),
no cabe duda de que para los autores Tomasa paragona un verdadero español cubano, lejos de los defectos del hablante no nativo que es el negro
congo y lejos de la siniestra gramaticalidad de los arrimados al poder hegemónico:

> ANICETO: [...]
> No soy más que un catedrático,
> Que busca con su gramática,
> Elíptica y sistemática,
> La rígida clave técnica
> Política, pirotécnica,
> Quirúrgica, y problemática. (79)

Mama Rosa de Fernando Debesa: las relaciones amo-criado

Verdadera *symphonie pathétique*, *Mama Rosa* (1957) de Fernando Debesa (1921) proporciona una certera imagen de las relaciones de clases entre
amo y criado a lo largo de cincuenta años de vida social en Chile. Cuando la
joven Rosa González llega en la Primera Parte a la casa oligarca de Misiá
Manuela Echeverría V., viuda de Solar, es el año 1906, en pleno auge de las
estructuras terratenientes consolidadas por la economía agrícola que constituye una de las anclas del Chile moderno. A lo largo de las cuatro partes
subsiguientes, se presentan pantallazos de cambios sociales y económicos

nucleados en los años 1910, 1925, 1941 y "nuestros días". Al final de la obra, Misiá Manuela ha muerto, Rosa ya está vieja y confundida, y el acto se organiza en torno a la mudanza de la casa solariega. Mucho ha cambiado en los cincuenta años, y la prosapia Solar ya no es lo que era antes, pues hay hijos que han bajado de nivel en su elección de pareja, en la carrera que han perseguido y en general el tipo de vida poco aristocrática que han optado por llevar. Pero lo que sigue incólume es la férrea relación amo/criado. A lo largo de *Mama Rosa*, uno de los motivos recurrentes –verdadera epifonema– es la afirmación ante Rosa de que "tú eres la única": la única que no ha cambiado, la única que siempre está para servir y para mimar, la única que sostiene claramente quién es quién y cómo se debe hacer las cosas para recalcar la clase de cada uno. A fin de cuentas, es Rosa, la chica de buenos servicios, la que sostiene, mucho más que cualquier integrante de la familia (hasta la Misiá Manuela, cuyos arranques de ira la obcecan ante lo que realmente está sucediendo), el claro perfil de las relaciones sociales: su propia obsecuencia ante esas relaciones es lo que las afirma, mucho más que cualquier imposición imperativa directa de los integrantes de la familia.

Como cabe suponer en un texto de neto corte neorrealista, *Mama Rosa* invoca muchos elementos para confirmar la escisión clasista entre los personajes, en aras de confirmar no solamente la posición social de cada uno, sino también para señalar las transformaciones que se van produciendo a lo largo de los cincuenta años de los acontecimientos. En este sentido la obra a veces no trasciende el estereotipismo: vemos a Misiá Manuela cumpliendo fielmente con su rol de matriarca y sus valores, sus apreciaciones ante los sucesos y su comportamiento global nunca desdicen de este rol. Sus hijos y nietos y sus parejas ejemplifican un mosaico de tipos de su medio social y hasta cuando manifiestan ciertos cambios en la vida doméstica operados con el pasar del tiempo, nunca llegan a exceder un modelo estrictamente sociologista de comportamiento individual y colectivo. De la misma manera, Rosa modela en una forma ampliamente sobredeterminada las condiciones de su servidumbre donde hasta las pequeñas expresiones de desacato e insolencia tan sólo sirven, a fin de cuentas, para confirmar su tipo social. Escenografía, vestimenta, gestos y, por todo lo demás, lenguaje sirven como parte del sistema de sobredeterminaciones que sustenta la obra.

Pero el lenguaje más que nada, retoma importancia en el sentido de que la obra de Debesa sigue firmemente instalada dentro de una práctica teatral de la palabra como portadora dominante del significado. De más está decir que el lenguaje de los personajes también deja transparentar extensamente las divisiones sociales que retrata la pieza, siendo la matriarca y su sirvienta paradigmas lingüísticos de sus dos clases respectivas. En un período en que los sociolectos coloquiales todavía no se representaban muy bien en la narrativa y en el teatro chilenos (la práctica es más bien la de insinuar tales modos del habla, siendo el caso en general que individuos de clases marginales, si llegan a figurar en un texto, casi nunca disponen del lujo de la palabra), hay que reconocer que Debesa ha realizado no solamente un enorme esfuerzo de representación del habla de Rosa y de otros personajes de su clase social, sino que también lo ha hecho con un alto nivel de consistencia ortográfica que no siempre se alcanza en tales propuestas de transcripción diglósica.

Lo mismo que a nivel de los principales estratos lingüísticos (fonología, morfosintaxis, léxico), el lenguaje de *Mama Rosa* capta con lujo de detalle los principios discursivos de los personajes, donde la materialidad de la autorrepresentación mediante el lenguaje –la organización de los temas de abordaje, la formas de la réplica, la utilización de procesos retóricos, los tonos de voz y otros elementos paralingüísticos– constituye parte de la sobredeterminación que enmarca categóricamente el estrato social de cada uno de los personajes y su relación frente a los otros. No hay sorpresas aquí, porque Debesa está comprometido fundamentalmente con la verificación de un cuadro de tipos sociales, y cualquier desviación de una estricta norma sociolingüística rompería con dicho proyecto (a diferencia, por ejemplo, de las transgresiones en un teatro expresionista/absurdista como el de Griselda Gambaro, donde se está aspirando a un hiperrealismo cuya representación no depende directamente de una norma sociolingüística estrictamente adherida). En este sentido, pormenorizar estos elementos no trascendería lo meramente descriptivo, puesto que la falta de desviación de la norma sociolingüística termina no facilitando rupturas textuales que pudieran dar cabida a consideraciones interpretativas.

Sin embargo, hay dos procesos lingüísticos que sí permiten un comentario sobre la dinámica social que Debesa monta en *Mama Rosa*. Uno tiene que ver con la asimilación de Rosa a su nuevo mundo social y el otro tiene que ver con la confrontación entre los dos polos sociolingüísticos de los personajes.

Si los familiares de Misiá Manuela evidencian modificaciones conforme con las vivencias históricas representadas por cada una de las cinco partes (modificaciones que la matriarca ve como la implantación de la mediocridad y la decadencia de la estirpe), en el caso de Rosa se atraviesa una mimesis asimilacionista. Al principio, al llegar a Santiago como una joven de pocos años, su habla es paradigmáticamente rural, homogénea en cuanto a que aglutina rasgos de su origen de clase y las dimensiones de su formación social y cultural. Por ejemplo, así trata de responder a la orden de que demuestre su inteligencia recitando el "Salve":

> Dios te sarve Rein'y Maire, Maire Misiricordia, vía, urzura, esperanza
> nuestra, Santa María, Maire Dios, ruega por losotros peca... (125)

A defecto de una experiencia directa con los registros sociolingüísticos rura-
les/campesinos, el lector-espectador sólo puede abordar esta habla con alguna
formación formal en las normas no cultas o incultas de América Latina. A lo
largo de los primeros contactos entre Rosa y su señora, la enorme divergencia sociolingüística entre las dos sirve para marcar tajantemente la
división de clase entre ellas.

Sin embargo, ya en la Tercera Parte –estamos en el año 1925 y han
pasado casi veinte años desde que Rosa ha llegado a la casa del campo– la
didascalia nota lo siguiente: "*Rosa tiene treinta y cinco años y ya es la
mama típica. Su hablar no es campesino, sino que ha llegado a ese matiz
intermedio de la servidumbre de casa aristocrática*" (163). Es decir, sin
dejar de patentizar muy marcadamente su origen y status de clase, el hablar de Rosa se ha ido asimilando a ciertos rasgos de la norma culta. Aunque sigue distando mucho de conformarse con el sociolecto que paragonea
Misiá Manuela, es evidente que, como testimonio de la absoluta dependencia de Rosa en el orden social que pasa por la persona de su señora, Rosa
inconscientemente se ha ido supeditando al castellano de sus superiores,
aún cuando sea sólo en un grado mínimo. Así, es capaz de expresarse sin el
extenso síncope de consonantes sonoras que caracterizaba a su habla inicial: "¿Se ha portado mal don Humberto? ¿No quiere seguir el poleleo?"
(163). La verdad es que este parlamento, el segundo que le sigue a la
didascalia arriba transcripta (la primera es una mera fórmula de acudido a
un llamado), es totalmente culto. Pero acto seguido y ya emocionada, dice
"¡María Santísima! ¡Leonorcita, lo que jue'hacer!" (163) Lo que importa
señalar aquí es que el texto en ningún momento indica que Rosa haya sido
conminada a modificar su habla. De hecho, la familia estaría bien acostum-
brada a este registro, pues en sus múltiples variantes es cómo hablan los
vastos sectores sociales inferiores a ellos, siendo al mismo tiempo la norma
culta reservada precisamente para la gente que legítimamente puede pre-
ciarse de serlo por su nacimiento y su posición social. La asimilación por un
inferior a esta habla podría llegar a considerarse, si no un acto abierto de
descaro, una expropiación alevosa, por lo menos una parodia improcedente.

Así, a Rosa no se le manda mejorar su hablar, ya que en realidad se lo
estaría prohibiendo implícitamente el peso de la dependencia social que la
va formando dentro de ciertos moldes de la casa (se supone que ya no se
viste como capesina recién llegada, por ejemplo), y la transformación de la

rudeza de sus maneras para hacerla aceptable en su nuevo medio conllevará necesariamente transformaciones secundarias en su forma de comportarse, y una de esas transformaciones, por incompleta que pudiera ser, será en su sociolecto. El "matiz intermedio" al que llega según el texto es en realidad la tierra de nadie de la servidumbre: no se incorporan al mundo de los señores, pero tampoco pueden seguir perteneciendo integralmente al medio del que han sido sacados para transformarse en la servidumbre. De ahí que se pueda decir que el "matiz intermedio" del hablar de Rosa ejemplifica elocuentemente todo el patetismo de su subjetividad dominada, abusada y explotada.

El segundo elemento de la disyunción clasista de los registros sociolingüísticos en *Mama Rosa* tiene que ver con la "naturalidad" de la interacción de los escindidos estratos sociales. Al final de la Tercera Parte, en un diálogo entre Rosa y Leonor, la hija solterona de Misiá Manuela y la heredera de su matriarcado (aunque sea éste estéril y destinado eventualmente a la disolución), hay el siguiente intercambio:

> ROSA. ¡Bah, de veras que va'ser mía [la criatura ilegítima de Leonor]! Pero usté va'ser la mairina...
> LEONOR. Por supuesto... y nunca se verá una madrina más cariñosa. Más maternal... (190-191)

Leonor ha quedado encinta por un hombre que la ha abandonado y con Rosa forjan un plan para tener la criatura en el campo y luego hacerla pasar como fruto de un desliz de Rosa, aceptable, lamentablemente, como propio de su condición social; otra vez, Rosa será la sirvienta útil para todas las necesidades de la familia, hasta las más "indecentes". Se ha forjado una estrecha relación entre la niña Leonor y su Mama Rosa, una relación claramente propicia para Leonor y, Debesa nos pide entenderlo así, humillante para la criada (a la que ahora se llama empleada, sin que sus funciones se hayan transformado con el cambio de etiqueta). El pivote de esta relación es el duplo de voces *mairina/madrina*. Aunque en términos estrictamente léxicos se trata de la misma palabra con dos distintas realizaciones fonológicas que en términos sociolingüísticos apuntan a dos realidades sustancialmente diferentes, pues ser madre suplente Leonor de su propia criatura que, por razones de la moral de su clase, se va a hacer pasar por fruto de Rosa es muy diferente de cómo Rosa podría ser madrina –o de cómo podría ser madre, pues sólo lo va a poder ser clandestinamente–.

Cuando Rosa dice *mairina* invoca una realidad social y cuando Leonor dice *madrina* invoca otra muy distinta. El hecho de que Leonor entienda *madrina* cuando Rosa dice *mairina* y viceversa señala en una primera instancia la interdependencia estructural entre los dos binomios del modelo social sin nunca permitir que se pierda la diferencia sustancial entre ser *madrina* y ser *mairina*. Evidentemente, se trata de cómo uno de los interlocutores procesa el habla del otro. Pero de la misma forma en que Rosa jamás se olvidará de que ella nunca será en realidad la madre de la critura por nacer, que siempre ella será la *mairina*, y que Leonor, por mucho que sea oficialmente la *madrina* de ya otro atenado en el fundo familiar, nunca dejará de ser realmente la madre; además tampoco nunca se olvidará de la esencial falta de bidireccionalidad en el procesamiento de arriba para abajo y de abajo para arriba de términos que aparentan ser la misma persona a pesar de su distinta realización dialectal. Todo lo contrario: la diferencia en su materialidad lingüística marca muy profundamente lo que en este instante la falaz solidaridad entre las dos mujeres pretende ocultar: que hay también una profunda diferencia en la materialidad de la realidad social repartida entre los dos términos.

Carlos Solórzano y *Las manos de Dios*: la degradación del lenguaje

Tus palabras no servirán de nada. (Solórzano 338)

La naturaleza del lenguaje en la obra de Carlos Solórzano es de doble filo. Por una parte, se considera que el lenguaje es una de las actividades más importantes y ciertamente una de las fuerzas más cohesivas de la sociedad humana. Cuando el crítico marxista norteamericano Fredric Jameson titula su estudio sobre el formalismo ruso y el estructuralismo europeo *The Prison House of Language*, intenta refutar la imagen del lenguaje propagada por esas escuelas de teoría lingüística y literaria. En esta imagen, el lenguaje, precisamente por su materialidad, es visto como una barrera para la comunicación. Las estructuras del lenguaje son imperfectas, ambiguas, irónicas y a menudo frustrantes y no precisamente una fuerza que ligue a los hombres sobre la base de una significación y de una comprensión compartida e intercambiada sin problemas. Indudablemente, la lingüística contemporánea es consciente de las limitaciones intrínsecas del lenguaje. No obstante, nuestra sociedad mantiene la imagen de que el lenguaje es un instrumento importante de interacción social que sirve para la definición y transmisión de los valores sociales y para la identificación del lugar del hombre en la sociedad.

Por otra parte, el trabajo de Solórzano es un ejemplo de arte literario. Es incuestionable que el lenguaje es la base de la literatura y de su única textualidad. Independientemente de lo que sea o haga la literatura, es antes que nada lenguaje, una textura lingüística que se autoidentifica como tal y que se constituye en el vehículo de las metas y la instrumentalidad que asociamos con la literatura. La literatura es a menudo considerada una forma privilegiada de lenguaje, no sólo por las "cualidades artísticas especiales", que ha desarrollado y explotado históricamente con el fin de realzar su singularidad, sino también por la larga tradición de la teoría literaria. Esta teoría ve en la organización particular de la literatura una forma elevada de comunicación: la Nueva Crítica postula que la literatura es una "forma superior de conocimiento". En realidad, se acostumbra en la crítica contemporánea a respetar la autonomía simbólica de la literatura insistiendo en la manera en que la literatura provee una particular representación dramática y enfática (re-presentación) de la realidad social e histórica. Por supuesto, el texto de Solórzano es una pieza de teatro ejemplar. Debido a la transmisión lingüística de la parte de la realidad latinoamericana que trata, el trabajo ha gozado de un enorme éxito en su versión original en español y en su traducción. Es, en resumen, una de las obras modernas más antologizadas de Latinoamérica. No obstante, la imagen del lenguaje subvertido que se encuentra incorporado en la estructura de *Las manos de Dios* evidencia la manipulación y degradación del principal instrumento del hombre y de la sociedad, en tanto que estrategia efectiva de opresión sociopolítica.

Nuestro interés es estudiar las manifestaciones de esa imagen como partes integrales de una configuración total del sistema de opresión que la obra reproduce y escenifica simbólicamente. La degradación del lenguaje en *Las manos de Dios* se basa en cinco principios que se pueden identificar con el específico sistema de comunicación subvertido. Este sistema es un "recurso" en las manos de los explotadores del pueblo. Es también un fenómeno simbólico que se destaca en la obra como un detalle de primer orden o índice de explotación y opresión. Los cinco principios son: 1) inversión del sentido, 2) leitmotifs, 3) doble sentido, 4) incomunciación o comunicación en malentendidos y 5) el silencio.

Por inversión del sentido entendemos el juego entre un sentido proyectado y aceptado para las palabras, frases, referentes y una ruptura con ese sentido convencional. En su lugar se encuentra la proyección de su antónimo o al menos su contradicción. El título de la obra apunta a tal procedimiento. La frase "las manos de Dios" recuerda indudablemente una tradición religiosa en la cual las manos de Dios (o las de sus santos intermediarios), simbolizan metonímicamente el socorro espiritual que suministra al hombre en este valle de lágrimas. O puede evocar la asistencia material directa repartida a través de milagros o la agencia de un panoplio de representantes divinos. Identificamos tal significado por el título y reconocemos otras referencias similares en la obra de Solórzano, sobre la base de nuestros conocimientos de la tradición cristiana en general y de la Iglesia Católica, particularmente como ha existido en América Latina. Este es uno de los niveles implícitos del texto, el nivel que Roland Barthes identifica como el código referencial o cultural de un trabajo (18-20). Este código depende de una grado de familiaridad de parte del lector-espectador con un rango de significados establecidos, que ocurren dentro del trabajo como referencias o alusiones. Por ejemplo, podemos describir a los personajes secundarios de la obra como caricaturas de cierta realidad latinoamericana rural y opresivamente feudal porque tenemos una imagen referencial, extrínseca al trabajo, pero implícitamente evocada, de la naturaleza de ciertos oligarcas representativos y de sus agentes en esa realidad.

Cuando hablamos de la inversión o ruptura del significado aceptado de un referente convencional, es necesario que el significado aceptado sea de algún modo señalado y reconocido con el fin de que percibamos que una ruptura se ha llevado a cabo. En el caso de *Las manos de Dios*, esta ruptura es la negación completa implicada por la eficacia de las "manos de Dios". Beatriz se dirige a Dios pidiendo alivio para ella y para el sufrimiento de su hermano que se encuentra en una situación que ella no puede entender. Pero cuando fallan sus rezos vuelve a las enjoyadas manos de la imagen institucionalizada de Dios, con la esperanza de que las piedras preciosas aliviarán materialmente el sufrimiento que sus rezos no consiguieron. Específicamente, utilizará las joyas para sobornar al Carcelero con el fin de liberar a su hermano de la cárcel del Amo en la cual había estado injustamente. Si sus rezos fracasaron, también su descarado recurso a las "manos de Dios" de las que extrae las joyas en un gesto final de desesperanza. Ellas se convierten en instrumentos, no de su salvación, sino de su traición por el Cura del pueblo, quien usa esas manos para tenderle una trampa a la confundida mujer. En vez de encontrar la salvación a través de la imagen de Dios a la que recurre, Beatriz atestigua como ésta se convierte en el agente de su propio sacrificio bajo el degradante poder de opresión sociopolítica.

Las "manos de Dios" son el principal símbolo de la iglesia como agente en el entorno de Beatriz. El representante de esa agencia, el Cura, es por su parte la degradación del sentido establecido de la eficacia espiritual de las manos de Dios y de todo el sistema de valores que, se dice, El representa. El Cura, a quien uno rápidamente identifica como el agente del Amo más que de Dios, enfrenta a Beatriz. El diálogo de ambos subraya la inversión de los valores representados convencionalmente por el título del trabajo. No hay duda de que en lo que se refiere al Cura, ni él ni las sagradas imágenes de su iglesia pueden ni deberían ofrecer alivio a Beatriz; al mismo tiempo, Beatriz reconoce que estas imágenes no pueden ayudarle. Como se mencionó anteriormente, se convierten en el instrumento de su propia degradación definitiva: "¿Qué has hecho, desventurada? ¿Qué has hecho? ¡Hereje, impía, alma diabólica! ¿Cómo te has atrevido? ¿No sabes que te exponías a la ira de Dios? (El cura arroja a Beatriz al suelo)" (346).

La figura del Diablo y en menor grado la figura del Cura también representan inversiones de sentidos referenciales y lingüísticos aceptados. Uno de los aspectos más sobresalientes del trabajo de Solórzano, ciertamente uno de sus rasgos más originales y lúcidos, es presentar al Diablo como el portavoz de una genuina revolución social. Se ve al Diablo encarnar las fuerzas humanas, sociales y espirituales que uno tradicionalmente asocia con una institución como la iglesia. El Diablo se queja por lo menos en una ocasión de la imagen que existe sobre su naturaleza y su función en el orden trascendente de las cosas:

> Diablo.—Debo advertirte que tengo dos clases de nombres. Unos han sido inventados para asustar a los hombres y hacerlos creer que no deben seguir mi ejemplo: (*Teatral.*) Mefistófeles, Luzbel, Satanás. (*Otra vez natural.*) Como si yo fuera el mal absoluto. El mal existe, por supuesto, pero yo no soy su representante. Yo sólo soy un rebelde, y la rebeldía, para mí, es el mayor bien. Quise enseñar a los hombres el por qué y el para qué de todo lo que les rodea; de lo que acontece, de lo que es y no es... Debo decirte que yo prefiero otros nombres, esos que aunque nadie me adjudica son los que realmente me pertenecen: para los griegos fui Prometeo, Galileo en el Renacimiento, aquí en tierras de América... Pero, bueno, he tenido tantos nombres más. (*Con un dejo de amargura.*) Los nombres cambiaron, pero yo fui siempre el mismo: calumniado, temido, despreciado y lo único que he querido siempre, a través de los tiempos, es acercarme al Hombre, ayudarle a vencer el miedo a la vida y a la muerte, la angustia del ser. (*Torturado.*) Quise hallar para la vida otra respuesta que no se estrellara siempre con las puertas cerradas de la muerte, de la nada. (315-316)

En lo que respecta al Diablo, tanto los nombres tradicionales asociados con él como las varias funciones que la convención le ha asignado (desde el espanto de las vírgenes hasta la destrucción de Grecia), son mentiras perpetuadas por una institución que por sus metas injustas y nada santas no puede aceptar los valores humanos y la búsqueda de libertad que encarna. Una de las funciones del Diablo en *Las manos de Dios* es hacer consciente a Beatriz de los nombres y símbolos de la sociedad en la que vive y que la iglesia apoya con devoción, así como hacerla comprender los valores de deliberación que él, el enemigo, puede proveer. Al nivel del espectador, cuando el Diablo se dirige al público, hace un llamado para la realización de lo inválido, de los valores subvertidos, de las instituciones en las que se lo considera un enemigo mortal. En resumen, desmiente todo un sistema evocado por las referencias convencionales postuladas por el trabajo en su representación de una realidad sociopolítica caricaturizada, pero no menos intensa. El sistema depende de un lenguaje de gestos y signos verbales que controla opresivamente y subvierte para sus propios fines degradantes. El juego de inversiones que uno encuentra, tanto en la autocaracterización como en el papel mismo que él desempeña en la obra, apunta enfáticamente a la interacción entre una imagen aceptada de una sociedad bien ordenada y de una inversión de esa imagen. Este se hace con el fin de "abrir" esta última y poder colocar en su lugar una imagen más viable para la realización de la liberación humana. Aquí el lenguaje y sus representaciones simbólicas se convierten en instrumentos de revolución y cambio social. Las palabras del Diablo, palabras que Beatriz asimila y lleva a la práctica, son instrumentos para la ruptura de las representaciones simbólicas y de los valores aceptados.

Finalmente, Beatriz es derrotada y la realización de la misión del Diablo se pospone indefinidamente. No obstante, el trabajo concluye con una nota que augura su triunfo a través de la eventual inversión irrevesible –o reversión– de los símbolos degradados que en su forma presente indican opresión pero que a la larga auguran liberación. Cuando Beatriz invoca la simbolización lingüística central de la religión de sus opresores, también reconoce la necesidad de ir más allá de ese símbolo con el fin de alcanzar una libertad significativa (317 passim).

En el caso del Cura pueblerino, la inversión dramática es menor. Por supuesto, el trabajo yuxtapone una imagen positiva del sacerdote mantenida por los sectores institucionales y la imagen degradada que aparece en la obra, en tanto que agente del Amo todo poderoso (quien como un silencioso y ausente Dios Padre, nunca aparece en el trabajo). Esta imagen del sacerdote corrupto del pueblo se encuentra suficientemente bien establecida en la cultura latinoamericana, de tal suerte que no constituye una inovación notable de parte de Solórzano. Lo que constituye una inovación es la yuxtaposición del Cura y del Diablo, cada uno a su manera desviándose de una imagen convencional, de su naturaleza. Se trata de una yuxtaposición en la cual la interacción entre los símbolos que cada una representa y la degradación de estos símbolos por parte del Cura y su revitalización por parte del Diablo, se manifiestan en lo que se convierte en un "debate" entre los dos al final del trabajo. Ambos intentan conseguir apoyo de los habitantes del pueblo, el primero para condenar a Beatriz y el segundo para salvarla. La destrucción de la mujer al final señala la victoria del Cura y el aplazamiento de la realización de los valores verdaderos y subvertidos que el Diablo encarna. No obstante, en una escena casi al final de la obra –notable por su incorporación de los efectos del teatro total en la cual vemos representantes del pueblo que pantomiman su vacilacación entre los dos polos representados por el Cura y el Diablo– atestiguamos la elocuente antifonía de los dos sistemas valorativos (353-355).

El segundo principio tiene que ver con el uso de motivos recurrentes y otras formas de la expresión estereotipada. Las expresiones estereotipadas y los motivos recurrentes, aunque son fórmulas retóricas, en general no se encuentran desprovistos de significación, debido a la repetición del discurso fijo. De hecho las frases a menudo pierden el valor léxico de sus partes constitutivas y asumen una función global como "marcadores del discurso". En este sentido, funcionan menos como elementos de un discurso significativo y más como constituyentes de una comunicación fática: comunicación que no tiene como fin la transmisión de significados, sino que más bien sirve para superar el silencio entre seres humanos. Los saludos son buenos ejemplos de este tipo de marcadores lingüísticos, pues el propósito no es que sean entendidos al nivel literal de su significado semántico (i.e., *adiós* no se entiende más como *A Dios*). Cuando los marcadores fáticos sirven a un propósito más elevado que el de su significado semántico inmediato, como el de la solidaridad interpersonal, son funcionales de una manera tal que trascienden el lenguaje. Pero cuando no sirven a tan altas funciones, estos marcadores permanecen vacíos y amenazan tanto a la comunicación como a la solidaridad, posponiendo a la primera y burlándose de la segunda.

La expresión lingüística del Cura, del Sacristán y del Carcelero –todos ellos agentes del Amo en diversos grados– está llena de clichés, sobre todo cuando se hace referencia a situaciones que involucran valores y morales. Inicialmente, la expresión de Beatriz es altamente estereotipada. Esta expresión se yuxtapone a la expresión radicalmente amenazante del Diablo. Beatriz pronto abandona los clichés sin sentido de las instituciones que la oprimen. Este abandono es un índice del grado de liberación espiritual que ella logra. En el "debate" entre el Cura y el Diablo en el cual cada uno intenta ganar la lealtad del confuso populacho, las frases manipuladas por el Cura son motivos de su profesión y fórmulas estereotipadas de la institución que representa: "La ira de Dios caerá sobre este pueblo por haber escuchado al enemigo"; "Que la voluntad de Dios se cumpla sobre ella"; "Esta iglesia es la seguridad, hijos míos". Estas y otras fórmulas similares, en virtud de su repetición constante, evocan respuestas emocionales acostumbradas y sirven para impedir pensamientos serios relativos a aspectos del destino humano.

Uno de los mejores marcadores en la obra del predominio de expresiones estereotipadas expresadas por los agentes de opresión ocurre cuando el Cura enfrenta a Beatriz en el párrafo citado anteriormente. Cuando el Cura le pregunta "¿No sabes que te exponías a la ira de Dios?", Beatriz no responde directamente a la pregunta. Más bien reacciona a las mismas palabras y no a su contenido: "Desde que nací he oído esas palabras. ¿Podría ignorarlas ahora?" (346). Beatriz demanda el derecho de disasociarse no del significado de las palabras, sino de la vieja fórmula que esas palabras constituyen. En el inicio del segundo acto, hay una confrontación entre el Carcelero y la Prostituta, cuyos favores el primero espera ganar a través de la rendición de Beatriz para la libertad de sus hermano. El Carcelero es un agente menor del omnipresente Amo y la Prostituta termina fastidiada con la insidiosa pero vacía letanía de autojustificación que el Carcelero le recita (327).

Finalmente, hacia el final del segundo acto, cuando Beatriz continúa vacilando entre su formación dentro de un sistema que niega su libertad y la liberación de la opresión que el Diablo le ofrece, reincide en una serie de clichés que ha aprendido del Cura. La respuesta del Diablo está llena de ironía, mientras al mismo tiempo le hace referencias a lo que podría representar el repudio de esos clichés (324-325).

El tercer principio de la degradación del lenguaje involucra los dobles sentidos. Hasta cierto punto, la interacción de dobles sentidos se identifica con el primer principio discutido, por el cual un segundo significado remplaza antitéticamente uno más obvio y original. Sin embargo, los ejemplos de dobles sentidos son irónicos en y por sí mismos. Representan un tipo de lenguaje que pone en tela de duda el significado mismo de las palabras. Por ejemplo, hay una hábil transición entre la cuarta y quinta escena del primer acto en la cual las palabras referentes al Diablo se usan con un sentido, pero son usadas por el mismo Diablo (hasta este punto identificado como el Forastero) en otro sentido (314 passim). Las palabras del Diablo pueden no sugerir un segundo sentido inconsciente hasta este momento de la obra. Sin embargo, retroflexivamente —en términos del desarrollo de los elementos establecidos en el inicio del texto— uno entiende lo que es el verdadero significado de "Enemigos" y hasta qué grado la frase "Los servidores del Señor" es verdadera o falsa; pues es incuestionable que *Las manos de Dios* propone que los representantes del orden son los verdaderos enemigos del hombre. "Los servidores del Señor" significa en realidad "Los servidores —los testaferros— del Amo". Todos los trabajos de literatura involucran una ironía de doble sentido de este tipo, en el sentido de que las referencias hechas al principio o en momentos sucesivos del texto, sólo poseen su sentido contextual completo cuando son vistas en términos de la realización de la estructura del trabajo. No obstante, me refiero aquí a la textura verbal que Solórzano confiere a su drama como parte de su análoga subversión del lenguaje que ha sido degradado por los agentes de la opresión a quienes representa en la obra.

El cuarto principio de subversión del lenguaje se refiere a la falta de comunicación o a la comunicación truncada. En *Las manos de Dios* hay dos interesantes ejemplos de esta falta de comunicación y es importante hacer notar que están estructuradas de manera creciente. En la cuarta escena del primer acto, Beatriz visita al Carcelero en un vano intento de persuadirlo para liberar a su hermano. Ya se ha hecho mención de que el Carcelero es un representante de segunda importancia de la autoridad injusta y que depende mucho más del Amo que el propio Cura. El Cura es más instrumento de opresión que el carcelero, cuya posición le permite ser el perpetrador de la injusticia. Aunque en la conversación entre Beatriz y el Carcelero parece haber a nivel superficial una concordancia entre sus respectivos discursos y las preguntas y respuestas que se dirigen el uno al otro, es obvio que ninguna comunicación efectiva tiene lugar y que ambos se malentienden. Es en verdad un diálogo de sordos. En un momento, Beatriz intenta obtener una especie de explicación racional del Carcelero de lo que le sucedió a su hermano. Las palabras finales del Carcelero indican que en lo que a él concierne, el habla, la comunicación y el diálogo son superfluas en el contexto del orden que representa. Más tarde, en el mismo encuentro, Beatriz pide permiso para hablar a su hermano. El Carcelero niega su petición, una negativa basada en la prohibición del Amo de que nadie hable ni emprenda actos de comunicación.

El Carcelero, incapaz de mantener el diálogo que la nerviosísima mujer insiste en mantener, sólo puede recurrir a la orden abrupta y coclusiva: "Cállate" (313). Beatriz, por su parte, sólo reconoce que falló el discurso humano. No obstante, este encuentro se extiende más allá de la orden del Carcelero. Beatriz continúa importunándolo con preguntas frenéticas pero inútiles, que el Carcelero evita o asume con respuestas sin sentido. A través de la obra hay numerosos ejemplos de mandatos de silencio, órdenes que insisten en la terminación del intento de comunicación y del diálogo con sentido. Estos mandatos constituyen el reconocimiento tácito de que la comunicación es inútil en el ambiente sociopolítico de los personajes. Tal mandato de silencio ocurre en la primera escena de la obra cuando el Campanero le dice al Sacristán que ha visto un desconocido con todos los rasgos de Satán. El Sacristán le ordena callarse, como si tal orden fuera capaz de proscribir una verdad desagradable. Se evita efectivamente una discusión razonada de lo que ha visto el Campanero, aunque nos damos cuenta de que su visión es acto comunicable. Más adelante en la primera escena, el

Campanero, consciente de la autoridad del Sacristán y de su temor de las noticias potencialmente exactas que le ha traído, acepta la orden del Sacristán de permanecer callado. La verdad del Sacristán se convierte en la única posible cuando con la orden de silencio se proscribe otra opinión: "Está bien. Si Ud. lo dice, así debe ser" (307). Desde el principio del trabajo se excluye del mundo de estos individuos la posibilidad y la pertinencia del diálogo razonado sobre los eventos.

El segundo ejemplo más importante de incomunicación o comunicación truncada ocurre en el segundo acto cuando Beatriz visita al Cura en el fútil intento de obtener su ayuda, después de haber fallado en un llamado análogo al Carcelero. El líder espiritual del pueblo y supuesto portavoz de los valores humanos auténticos es una intensificación del primer encuentro con los representantes de la justicia civil. El Cura rehúsa discutir con Beatriz el propósito real de su visita e insiste en una serie de referencias estereotipadas sobre el comportamiento esperado de una dócil parroquiana que suscribe ciegamente los artículos de fe (incapaces de tratar con las bases reales del sufrimiento humano), en lugar de una discusión sobre sus legítimas preocupaciones espirituales y materiales. En respuesta a la confesión de Beatriz de que no entiende nada de lo que le ha acontecido, el Cura, al rechazar sus súplicas de ayuda directa, cierra cualquier comunicación entre ellos. El insiste en que su papel no implica la comprensión (332 passim).

Ya se ha referido al encuentro subsiguiente entre Beatriz y el Cura en el tercer acto, cuando el Cura la confronta con la prueba de su pecado y Beatriz intenta explicar lo que ha hecho. De nuevo la comunicación entre los dos es imposible. Después de ese encuentro sólo le resta al Cura dar los pasos necesarios para efectuar la destrucción final de la mujer, cual individuo que retara su autoridad. Confrontado con la imposibilidad de la comunicación y los fútiles intentos de comunicación que generan malentendidos, la opción disponible al individuo es el silencio. El silencio constituye en *Las manos de Dios*, el quinto principio de degradación del lenguaje. El lenguaje es subvertido a tal grado que resulta inútil para la interacción social y por lo tanto puede ser eliminado como superfluo.

El silencio es descripto más vívidamente por el Coro (*sic*) de Hombres y el Coro de Mujeres, los cuales de acuerdo al principio brechtiano, actúan como figuras pantomímicas que dan fe de la "opresión hasta el silencio", en tanto que suerte compartida. Es un silencio que revela su inhabilidad para liberarse de la injusta autoridad mediante la manipulación de la palabra subvertida que los domina. Cuando el Diablo-Forastero aparece por primera vez en la escena tercera del primer acto, intenta establecer comunicación. Estos intentos son frustrados por la gente y él se asombra por su silencio hermético (310-311).

El silencio asume otra perspectiva al final del primer acto. El Diablo, aún identificado como el Forastero, se esfuerza por persuadir a Beatriz de actuar en nombre de su propia salvación y la de su hermano. Se refiere al silencio —en este caso el silencio de la imagen religiosa que representa la autoridad y la naturaleza incomprendida del alma del pueblo. Beatriz, el individuo que ha roto el silencio de las masas y expresa su tormento y su petición de liberación, se confronta con un símbolo institucionalizado que se encuentra cerrado en sí mismo en un silencio impenetrable (323).

Debido a que el Cura y la institución que representa son los portadores de la Palabra, usada como un instrumento de engaño opresivo, cualquier miembro del pueblo que aspire a usar esa Palabra debe ser reducido a un primitivo silencio. Hay una interacción irónica incuestionable entre la Palabra y el Silencio, la subversión del lenguaje y la búsqueda de comunicación, y el lenguaje como un instrumento de opresión y el lenguaje como el vehículo de una rebelión legítima en contra del silencio impuesto por la degradación de la palabra. La imagen del silencio es de nuevo el silencio de las masas cuando el trabajo concluye con el debate entre el Cura y el Diablo, en el cual este último fracasa en su intento por conseguir el apoyo del pueblo. Su reincidencia en el silencio es un índice "elocuente" del fracaso del Diablo y el renovado triunfo del Cura y sus legiones y verdadero Enemigo del Hombre. En su silencio restaurado, las masas se ensordecen al reto contenido en el mensaje rebelde que el Diablo furtivamente trata de comunicar (355-357).

En resumen, veo en la subversión, la degradación y la negación del lenguaje, el rechazo de la Palabra y de su eficacia en un mundo dominado por la autoridad corrupta y la opresión humana injusta. Si *Las manos de Dios* duda de la legitimidad del mensaje del Diablo y acepta la degradada palabra del Cura, es porque las estructuras de opresión permanecen demasiado fuertes para la embestida de la rebelión del Diablo. No obstante, el trabajo concluye con una intensa afirmación de la posibilidad del triunfo de los valores que el Diablo encarna. Es importante hacer notar que la obra se cierra con un intercambio movible de "auténtica" comunicación entre Beatriz y su mentor derrotado temporalmente:

> DIABLO.–Lo único que logré fue sacrificarte a ti. ¡Para eso es para lo único que he servido!
> BEATRIZ.–(*Con voz entrecortada.*) No estés triste. Ahora comprendo que el verdadero bien eres tú.
> DIABLO.–(*Sollozando.*) He perdido tantas veces esta batalla de la rebeldía y cada vez me sube el llanto al pecho como si fuera la primera. El viento del Norte moverá tu cuerpo, pobre Beatriz, y golpeará en la

ventana de la celda del Hombre, que sigue prisionero. (*Patético.*) No volveré a luchar más. Nunca más.

BEATRIZ.–(*Casi sin poder hablar.*) Sí. Volverás a luchar. Prométeme que lo harás por mí. Algún día se cansarán de creer en el viento y sabrán que sólo es imposible lo que ellos no quieran alcanzar. Su misma voluntad es el viento, con que hay que envolver la superficie completa de esta tierra. (*Se desfallece. El viento sopla furioso, agitando los vestidos y cabellos de Beatriz.*).

DIABLO.–(*Impotente*). ¡Ya no puedo hacer nada por ti! (*Se levanta y se acerca a Beatriz y la llama inútilmente.*) ¡Beatriz!... (*Pausa. La sacude con desesperación. De pronto, reacciona otra vez con energía.*) Está bien... Seguiré luchando; libraré de nuevo la batalla, en otro lugar, en otro tiempo, y algún día, tú muerta y yo vivo, seremos los vencedores. (*Abre los brazos como si fuera a comenzar el vuelo. El tema musical del Demonio suena ahora dramático, mezclado con el rumor del viento.*) (358)

Considero que Solórzano no debería ofrecer un trabajo en el cual se encuentre solamente la imagen del lenguaje degradado y subvertido junto con los profundos valores humanos que el lenguaje supuestamente sirve. Más bien, insisto en que un autor comprometido con esos valores humanos debería ofrecer la noción de una "recuperación" o "restauración" del verdadero lenguaje y valores.

A lo largo de la obra –y en contrapunto a los diversos principios de lenguaje fracasado discutidos en la sección previa– se atestigua el desarrollo de una base de comprensión a través de la autorrealización y su expresión por medio del lenguaje en la aceptación de Beatriz de la rebelión liberadora. He citado suficientemente los encuentros entre los dos como para no insistir en la emergencia del compromiso de la mujer. Al inicio del trabajo, Beatriz y el Diablo se malinterpretan y ella confía en los clichés del sentimiento religioso que traicionan la estructura de opresión en la que está inmersa. No obstante, Beatriz desarrolla bajo la tutela del Diablo la capacidad de entender la situación y cómo puede remediarse. La culminación de su creciente conciencia es el intercambio final ya citado entre el Diablo y Beatriz. La expresión de Beatriz va más allá de la clase de lenguaje que inicialmente tiene a su disposición. El auténtico discurso humano se recupera a través del despertar que experimenta.

Igualmente, la liberación espiritual de Beatriz se correleciona con la decisión de actuar de acuerdo con la naturaleza de su condición. El Diablo anima a Beatriz a cometer un desafío que desemboca en libertad, un acto que él ve como reemplazo del gesto vacío del orador que depende del lenguaje estereotipado del Cura (322-323). El ideal que encarna el Diablo es finalmente frustrado. En la escena en la que el Diablo y el Cura tienen una pelea verbal, vemos la insistencia del primero en actuar como un remedio necesario para la corrupción del lenguaje humano pleno de sentido. El Diablo afirma su creencia de que los actos de desafío de Beatriz deben ser efectivos en su afán de que la gente oprimida tome conciencia de su propia degradación.

Aunque los planes del Diablo se ven frustrados por las fuerzas aún potentes en contra de las cuales debe luchar, el trabajo deja una clara imagen de una forma de acción desafiante que es revolucionaria y capaz de hacer añicos las ataduras impuestas por el lenguaje degradado. También ilustra una imagen de comprensión y conciencia basada en el rescate del lenguaje de la manipulación de los agentes de opresión y su restauración a un rol primitivo. Todos los trabajos de literatura se fundan en formas de ruptura con el habla coloquial. Asociamos la literatura con la habilidad para ir más allá de los modelos de comunicación usados y ritualizados de los cuales depende el habla diaria. La ruptura lingüística en los trabajos literarios sirve para realzar el significado del lenguaje y la realidad a la cual da forma simbólica. Llama nuestra atención sobre esa realidad de una manera tal de la cual ya no son capaces los clichés del habla cotidiana.

En *Las manos de Dios*, los modelos de ruptura lingüística de Solórzano implican una representación expresionista de la degradación del habla humana por los agentes opresivos, quienes al percibir el lenguaje como una amenaza a su control, no tienen más alternativa que subvertirlo. Esta imagen positiva del lenguaje va pareja con una acción revolucionaria adecuada. El Diablo usa el verdadero potencial del lenguaje para persuadir a Beatriz de que ponga en efecto su inarticulada búsqueda de liberación. Que el Diablo, a fin de cuentas, es incapaz de persuadir a toda la gente es una expresión enfática del trabajo que le queda por hacer. No obstante, la obra de Solórzano atestigua elocuentemente la eficacia del lenguaje, desprovisto de la vileza de la irreflexiva habla cotidiana en una realidad latinoamericana degradada, para comunicar profundos sentimientos y valores humanos.[10]

---

10 El analisis de *Las manos de Dios*, escrito originalmente en inglés, fue traducido por Guillermo Núñez Noriega.

Griselda Gambaro, *Los siameses* y la inversión de fenómenos humanos primordiales

> **Lorenzo**: (comienza a rascarse como si tuviera pulgas. No sabe cómo confesar que no entiende palabra. De pronto, se le ilumina el semblante. Se acerca a El Sonriente con gesto cómplice y afable). Escuche, el señor es sordo. (Señala a Ignacio). Completamente sordo. Tenía razón usted. Es sordo como una acequia.
> **Ignacio**: (corrigiendo involuntariamente). Como una tapia.
> **Lorenzo**: ¿Se da cuenta? El mismo lo reconoce. Es sordo como una tapia. Y encima, sólo escucha lo que quiere. (Gambaro 34).[11]

Griselda Gambaro es, sin lugar a dudas, un fenómeno excepcional en el teatro argentino: no sólo se destaca como la única mujer que ha dedicado casi toda su producción literaria al drama (es también una narradora competente, aunque su prosa ha atraído poca atención crítica). Es más, Gambaro se perfila como la única dramaturga de toda América Latina que se reconoce a nivel continental e internacional, como lo atestigua la extensa bibliografía dedicada a su teatro (Carballido, Messinger, Taylor, Ramos Foster).

Los siameses es difícil de resumir: en un sentido, la "acción" en términos aristotélicos, es engañosamente sencilla; en otro sentido, la textura de la obra es asombrosamente compleja, en la medida en que no obedece a convenios referentes al imperativo, a un desarrollo lógico de la trama, la representación teatral y la utilización del lenguaje. Por ejemplo, nunca se resuelve adecuadamente si el título de la obra debe entenderse literalmente o metafóricamente, o si realmente importa. En muchas ocasiones hablan Lorenzo e Ignacio de su anterior unión física o suelen mimicar gestos grotescos o ridículos que tienen como objeto evocar esa unión (hay también varias alusiones de paso, todas inconclusas, a la ligazón no literal que los une). Sin embargo, queda claro que la relación entre los dos tiene que ver, si no con una dependencia sexual, con una suerte de dependencia emocional, tan radical y profunda como podría haber sido cualquier fusión literal. La obra tiene que ver con la separación de los dos: por razones que no llegan a aclararse, Lorenzo, el miembro dominante de la pareja, ha decidido romper con Ignacio. Esto lo lleva a cabo cuando le tiende la cama a Ignacio,

---

11 Se ha modificado la disposición de los parlamentos, para ganar espacio. Todas las citas se hacen por esta edición, que tiene 32 fotos de la producción original de la obra, estrenada el 25 de agosto de 1967, en el Centro de Experimentación Audiviosial del Instituto Torcuato Di Tella, en Buenos Aires.

atribuyéndole un crimen que no cometió. Otra vez los detalles son ambiguos e inconsistentes, pero no importa. Lo que sí importa es que Lorenzo se encuentra al fin libre de Ignacio. Pero también se ve desprovisto de él, y las últimas escenas de la obra retratan vívidamente el sentimiento de desesperación y soledad que siente el hombre por el abandono de que él mismo se ha hecho víctima. Es sólo en este abandono, que puede expresar su aprecio fundamental por la comunidad humana de la que ha renegado. Estas son las últimas palabras de la obra —irónicamente, Lorenzo corre hacia un joven que, viéndolo dar vueltas a la tumba de Ignacio, quiere entablar comunicación con él:

> **Lorenzo**: ¡Cállese usted! ¡Metido! ¡Porquería! ¿Por qué no se va? (Entrelaza los dedos de las manos, salta sobre el otro y, martillando con las manos unidas, lo golpea violentamente entre los hombros). ¡Váyase, váyase, le digo! (El muchacho se aleja inclinado, con la cabeza oculta entre los hombros para protegerse de los golpes, y sale, trastabillando. Lorenzo). ¡Va a tirarme de la lengua a mí! ¿Quién lo conoce? ¿Qué sé yo si tenía ojos grises? Vaya a comprometer a... a... a... (a falta de otra palabra, estalla). ¡A su abuela! (Vuelve y se sienta de frente al público, al lado de la tumba. Todavía furioso). ¿Escuchaste, Ignacio? ¡Quería comprometerme! (Un silencio. Llama desconfiado, probando). Ignacio... ¡Ignacio! (Espera). ¡Bah! No te llamo más. Probaba. Contigo, no se puede estar seguro. Peores sorpresas me has dado en vida. Y ahora, de muerto, me jorobas. ¿Qué ganas tienes de estar muerto? ¿Eh? ¿Para qué? ¡Para jorobarme! (Sin moverse). Me voy. Son veinte cuadras hasta casa, hasta "mi" casa. Quedó todo para mí, las paredes, las puertas, el techo. Me quedó todo para mí, incluso lo que más me molestaba, tu...risa. (Con humildad como disculpándose). Yo quería tu risa, Ignacio. Y quería...tu paciencia... ¡Qué aguante! De verdad, ¿nacimos juntos, eras mi hermano? [...] No dejaste un minuto de pensarlo, me daba cuenta. No podíamos vivir en el mismo cuarto, compartir nada. Yo no quería compartir nada, ¡idiota! (Un silencio. Sin moverse). Me voy. A ver si tengo tu sonrisa. (Sonríe con una sonrisa horrible, forzada, sólo de dientes. Sonriendo). Sí, sí. Es la tuya, lo siento. Me voy. (Un silencio. Sigue sentado, inmóvil, poco a poco desaparece la sonrisa. Se arrebuja en el saco). ¡Qué frío! Me voy, ahora sí, me voy. (Se queda inmóvil, un silencio. Tímida, desoladamente). Ignacio, Ignacio... (Se dobla en una pose semejante a la de Ignacio en el carrito, la cabeza sobre las rodillas. Un gran silencio).
>
> Telón. (85-86)

La pieza de Gambaro involucra la inversión básica de fenómenos humanos primordiales, una inversión que subraya, vívidamente, la base dramática para la representación del sector y de la condición del hombre enfocada. El primero de los dos actos se centra, como sería de esperarse, en el planteamiento de las relaciones semiológicas entre los elementos claves: Lorenzo, el perseguidor, versus Ignacio, el perseguido; con la complicidad de dos agentes de policía incoherentes (tanto literal como figuradamente), El Sonriente y el Gangoso, los cuales le prestan ayuda a Lorenzo. Podríamos decir en los términos más directos posibles, que los dos modos teatrales dominantes de expresión –lenguaje y gesto– están relacionados en términos de una degradación que explicita el grado de actividad destructiva lanzada contra Ignacio, por Lorenzo. Lorenzo controla lenguaje verbal y gesto corporal, y busca imponerlos a Ignacio como una forma de dominarlo y aniquilarlo. Lorenzo, el receptor de los signos que controla Lorenzo – y por ello la víctima de éstos– sólo puede reaccionar de un modo débil y esporádico. Es evidente que Lorenzo rompe con una circunstancia neutra del discurso verbal y es, en este sentido, que la suya es una forma de comunicación degradada. Quiere decir que, lejos de un intercambio libre, abierto y de igual a igual entre los dos hombres, sólo hay uno que habla y al otro le toca el rol exclusivo de escuchar y obedecer. Eso no quiere decir que Ignacio esté condenado al silencio total, aunque hay ejemplos narrativos de discurso degradado, basados en tal forma de ruptura de la comunicación. En cambio, la manera en que habla en las pocas ocasiones en que se lo permiten, sólo sirve para recalcar aún más cómo se le niega el instrumento del lenguaje para organizar una relación humana satisfactoria. Hay varios ejemplos de esta circunstancia a lo largo del primer acto, a partir de la primera escena, donde Lorenzo se niega a escuchar a Ignacio y le cierra la puerta de la casa en las narices, obligándolo a ser objeto del castigo por una travesura organizada por **Lorenzo**:

> Voz de **Ignacio**: (exánime). Lorenzo... Lo...ren...zo.
> **Lorenzo**: (con pesar). No me llames. ¿Qué te pasa? No puedo abrir. Si vuelve nos pegará a los dos. Es un tipo fuerte, muy bruto, no hará distingos. No dirá: a éste le pegué y ahora lo dejo tranquilo, pobre tipo. Me dedico a éste, (señalándose) a mí. No dirá eso. Te pegará otra vez, pobre Ignacio. En cambio, si vuelve y te ve en el suelo, todo sangrante, no te pegará. Tiene aspecto de animal, pero nadie le pega a un caído. Hay respeto por los que matamos. No eres un cadáver, lo sé. Pero si lo fueras, estarías más seguro.
> Voz de **Ignacio**: Lorenzo... Lorenzo...
> **Lorenzo**: (irritado súbitamente). ¡Lorenzo, Lorenzo! ¡No abro! ¡Déjame en paz!

Voz de **Ignacio**: Me duele todo...el....cuerpo. (13-14)

Lorenzo: (palidece, se lleva las manos hacia el costado). Ignacio...me siento mal. Te...te necesito.
Ignacio: ¡Ojalá revientes!
Lorenzo: (apoya el rostro sobre la mesa y comienza a llorar). No quise... hacerte mal... Sólo... pensé... en la casa. Me gusta... esta casa. Me gusta... (levanta la cabeza, sonríe), la forma en que ríes. Por eso te hago perradas, para que te rías lo menos posible. Cada vez ... que ríes, me quitas algo, lo que no es mío. ¿Y por qué? ¿Por qué yo me río así? (Sonríe con una mueca forzada). ¡No me gusta! (Con desaliento). Deseo tu forma de reír... y ... y no hay caso. No lo consigo, Ignacio... (Silencio de Ignacio). No quería que te lastimaran, somos hermanos, nacimos juntos. Si te mueres, puedo quedarme con todo, con las camas y ... las sillas ... y ..., pero no quiero que te mueras. ¡No quiero, no quería hacerte mal, Ignacio! (Llora) ¡Soy un cretino, un cretino! (Ignacio se incorpora y lo mira. Lorenzo llora, pero menos sinceramente ahora, espía por el rabillo del ojo el efecto de su llanto sobre Ignacio, exagera levemente).
Ignacio: (aplacado). Lorenzo, Lorenzo...
(Lorenzo muestra una payasesca y triunfante sonrisa hacia un lado, se vuelve luego hacia Ignacio y le muestra el rostro apenado, arrepentido). (51-52)

Este control del otro queda degradado de tal manera porque se usurpan las expresiones identificadoras del otro, ya sean verbales, ya sean corporales [por ejemplo, Lorenzo es el único que impone el juego de los mellizos siameses (cf. 20-25)], se extiende también a una manifestación del lenguaje, el escrito. Lorenzo se vale del escrito para proseguir su persecución de Ignacio, al falsificar su letra en documentos comprometedores:

Ignacio: Escrib... (sospecha algo, mira a Lorenzo que guarda una expresión inocente). ¿Qué escribías el otro día? ¿A quién?
Lorenzo: A mí mismo. Mañana recibiré las cartas. Pero no te las dejaré leer.
Ignacio: Sabes imitar mi letra, sabes copiar...
Lorenzo: Pero nunca pude falsificar tu letra perfectamente, lo sabes. Eres casi analfabeto.
Ignacio: Pero una vez falsificaste billetes de banco.
Lorenzo: Todavía tengo. (Una pausa, sincero). Ignacio, ¿cómo iba a hacerte eso? ¿Escribirle inmundicias a una chica de quince años? ¡En tu

nombre!

Ignacio: Sí. (Lo mira. Una pausa). Eres inocente, inocente.

Lorenzo: (emocionado). Sí, ¿te das cuenta? La inocencia es lo peor que hay en mí. (Una pausa, sonriente). ¿Te pasaste con la hija? (64-65)

El Sonriente y el Gangoso parecen ser, a primera vista, elementos casi gratuitos en la obra, como suele ser el caso en el teatro del absurdo. Pero ambos son agentes del plan de Lorenzo y la palabrería sin sentido de la conversación, aunque cunde miedo en un Ignacio desprovisto de expresión, pronto eficazmente canalizado por Lorenzo. Irónicamente, Lorenzo acusa a Ignacio de un crimen que se alega éste confiesa en un incontrolado derroche de lenguaje:

> **El Sonriente**: Espere. (Una pausa). ¿Hace mucho que lo conoce?
>
> **Lorenzo**: (Empujando furiosamente a Ignacio por un lado, pero manteniendo las formas, por el otro, mientras habla a los policías). ¿A éste? Lo conozco del barrio, de traerle telegramas. Todos del mismo estilo. [...]
>
> **Lorenzo**: (fuma mal, piensa, no sabe qué inventar). Habló... por los codos. (Se mira los codos y sonríe, distraído. Ve a Ignacio y le pega otro golpe). ¡Cargoso! [...]
>
> **Ignacio**: (incrédulo, dolorido). ¡Lorenzo, no son tan imbéciles para creerte! ¡Te estás embrollando!
>
> **Lorenzo**: (ferozmente contento). ¡No! (Seco). ¡Y apártate! (40-41)

Los ardides de los que Lorenzo se vale para expropiar el lenguaje y degradar el discurso comunicacional humano convencional, son extensos y variados. Abarcan, entre otras, las siguientes formas de comportamiento verbal:

1) *Preguntas retóricas*. Ver el "diálogo" inicial entre Lorenzo e Ignacio. Lorenzo aprovecha preguntas huecas para desentenderse del deseo de Ignacio de que le franquee la puerta.

2) *Exclamaciones*. Lorenzo se vale de la hipérbole para pasar por alto la tentativa de Ignacio de entablar un diálogo razonable, y para alterar o distorsionar el propósito de la poca habla que le permite a Ignacio; ver, en particular la escena con El Sonriente y El Gangoso.

3) *Enredos*. Parte del control por Lorenzo, del contexto del habla, es el manejo del fluir de ideas de tal manera que enredan a Ignacio, imponiéndole un significado tergiversado. Esta técnica comprende estrategias para confundir el asunto bajo consideración. Por ejemplo, en un momento, Lorenzo confiesa que espió las actividades sexuales de Ignacio con una mujer,

pero puede hacer parecer que Ignacio tiene la culpa de ser vouyerista:

> **Ignacio**: ¡Me gusta! ¡Asqueroso!
> **Lorenzo**: ¿Por qué? ¿Hablas por resentimiento? (Pensativo). Sí, sí, todo lo que haces es bien rudimentario. En cambio, si hubiera sabido que te espiaba, te hubieras esmerado más, ¿no? Hubieras gozado el doble. (Ríe). Te avisaré. ¡Ah, ah! ¡No sabía que tenías esas predilecciones!
> **Ignacio**: ¡No tengo nada!
> (Nuevamente golpean en la puerta, pero como si alguien se entretuviera en tamborilear una canción). (29)

4) *Apartes*. Al expresar comentarios que Ignacio no tiene el privilegio de entreoír, Lorenzo le niega la oportunidad de "rectificar el parte".
5) *Suspensión del diálogo*. Parte del control ejercido sobre el contexto del discurso, es la habilidad de suspenderlo o reorientarlo según las exigencias de la voz dominante. Así Lorenzo puede frustrar las tentativas de Ignacio de explicarse y, en el último análisis, de protegerse.
6) *Confabulaciones*. De lo que Ignacio tiene que protegerse, específicamente, es de las malintencionadas mentiras de Lorenzo. Este, al controlar el habla, inventa la realidad, y así instala el significado que más cuadra con sus propios planes:

> **Ignacio**: (en voz baja). Por favor Lorenzo. Aclara que son todas mentiras. No pueden creer todo lo que dijiste, pero nunca se sabe. Acláralo.
> **Lorenzo**: ¡Yo no aclaro nada! ¡Quiero vivir tranquilo ¡Y suéltate!
> **Ignacio**: (aprisiona a Lorenzo entre los dos brazos y lo vuelve hacia los policías. Febril, mientras Lorenzo forcejea intentando librarse). Yo explicaré todo. A Lorenzo se le ocurrió tirar piedras a una lata. Y luego vio a un chico y le tiró al chico en la cabeza. Por poco no se la rompe. No lo hizo por maldad. Fue sin...querer. El es...así... (Lorenzo le pega un puntapié. Ignacio, furioso). ¡Lo hizo a propósito! Y después, me cerró la puerta ... y un tipo que nos vio juntos ... me rompió la cara. ¡A mí me la rompió! (A Lorenzo). ¡Ahí está! ¡Lo dije todo! ¿Por qué no te habrás guardado tus mentiras? ¡Maldito impotente! ¡Todo lo arruinas porque no piensas más que en eso!
> **Lorenzo**: (alterado). ¿Qué yo no pienso más que en eso? ¡Tengo mujeres a montones! ¡Sarnoso! ¿A quién molieron a golpes? ¡A los inocentes los dejan tranquilos! ¡Mírate la cara! ¡Parece un tomate aplastado! (42-43).

7) *Repudio del interlocutor*. Queda claro que en la pieza, Lorenzo e Ignacio están emocionalmente unidos –mitades de una sola, pero compleja relación–. Están unidos también en una situación de habla como articulador e interlocutor. Sin embargo, cuando llega la policía, parte del plan de Lorenzo involucra repudiarlo, negándose a reconocer que lo conoce, y rechazando cualquier responsabilidad por él como persona.

> **Ignacio**: ¿Qué lío hiciste? ¿Cómo te vas a ir? Estamos pegados.
> **Lorenzo**: (con acritud). ¡Qué descaro! ¿Dónde? (Barre el aire a su costado con la mano abierta). Cuando te conviene. Soy libre. Toma las cosas con calma. (Comienza a marchar hacia la salida, pero Ignacio se pega a él. Furioso). ¿Qué te agarró?
> **Ignacio**: ¡No querías irte porque estábamos pegados!
> **Lorenzo**: (le pega un puñetazo que retumba, en las costillas). ¡Déjame tranquilo, idiota! (Observa a los policías que miran interesados. A Ignacio, entre dientes). ¡Quédate en tu lugar! ¡No me sigas! (39-40).

Se podría explayar mucho sobre la significación cristológica y de la relación Caín/Abel entre Ignacio y Lorenzo: el repudio por éste, de aquél, viene a ser sólo uno de los ecos explícitos de los lugares comunes de la pasión (por ejemplo, en la última escena, que es un monólogo de "hac lacrimae vale"). En términos de la imagen del discurso humano, como correlato objetivo de las relaciones humanas en *Los siameses*, el repudio por Lorenzo de su interlocutor, es un indicio implícito de la falta de comunicación, de cualquier comercio entre ellos como seres humanos.

Para concluir, el primer acto, entonces, enfoca y elabora extensamente un esquema mediante el cual un individuo domina, controla y degrada a otro, a través de un manejo eficaz cuanto éticamente inaceptable del lenguaje: Lorenzo en una palabra lo calla a Ignacio a gritos. Este, desprovisto de todo instrumento funcional de expresión, sea por medio del lenguaje o los gestos, se convierte en la plena víctima del aniquilamiento por Lorenzo, de su dignidad humana. Estas líneas cierran el primer acto:

> **Lorenzo**: (gritando). ¡Maldito idiota! ¡Déjame solo! ¡Déjame solo! (Logra separarse mientras Ignacio rueda por el piso debajo de los policías que golpean, El Sonriente con la sonrisa más exasperada a medida que aumenta su entusiasmo. El Gangoso ganguea cada vez más frenéticamente. Al mismo tiempo, se escuchan los gritos de Ignacio. Lorenzo se abalanza hacia la puerta, la abre y extiende los brazos una exclamación de delicia). ¡Ah, qué aire fresco, qué aire fresco!
> Telón. (45).

Curiosamente, y en destacado contraste al grueso del teatro del absurdo, la obra de Gambaro no niega la eficacia del lenguaje, aunque sí se resiste a verlo como el más perfecto logro cultural del hombre. De hecho, el lenguaje es rotundamente eficaz en *Los siameses*, a pesar de que se le niega un papel como instrumento unificador de discurso social. Lorenzo, al controlar la palabra y los gestos concomitantes, puede aplastar a Ignacio tan tajantemente, su sensibilidad y sus tentativas patéticas de alcanzar siquiera un reflejo de la dignidad humana: el lenguaje es tan cruelmente eficaz, precisamente porque puede ser recortado y modelado para efectuar la expropiación y la degradación. En una novela como la de Rosario Castellanos, las dos clases cruzadas que son víctimas de la explotación –las mujeres y los indios– no pueden expresarse adecuadamente porque se les niega el lenguaje. Y en *Yo el Supremo* (1974), de Augusto Roa Bastos, del dictador Francia "dicta" (del latín, dicere=decir) porque sólo él es dueño de la palabra y de los instrumentos que legitimizan el lenguaje. En el ejemplo más abstracto de Gambaro, del teatro del absurdo, viene a ser una de las facetas de la personalidad humana –el "mellizo" decente– que queda magullada por la espada del lenguaje.

El segundo acto sirve para invertir la relación entre el lenguaje y el gesto falso, pues vemos a Lorenzo disfrutando del éxito que ha tenido en "librarse" de lo que él pensaba era la presencia opresiva, cuando no físicamente doliente, de su alter ego, Ignacio. Pero también lo vemos sumido en el infierno del aislamiento que él mismo ha confirmado. Lorenzo se vuelve la sombra pálida de lo que era, porque literalmente ha roto con todo un segmento de lo que era su ridícula, pero no por ello menos integrada personalidad. Abandonado y sin el vocativo/dativo de su discurso imponente, se sume en la desesperación de tener que enfrentarse con su propio yo, degradado y humillado. El lenguaje altisonante, empleado con fines de manipulación social y emocional, es suplantado por los esfuerzos de dar voz a la desesperación, y el gesto hueco corolario de una palabrería interesada y aprovechada, sale autentificado como reflejo de los tormentos de un alma perdida. Es significativo que Lorenzo se vea como resucitado del silencio, lo cual es un asesoramiento destacadamente irónico de su otrora palabrería irreflexiva. Y es significativo, también, que El Sonriente y El Gangoso hablen "naturalmente" y de una manera inteligible:

> **El Gangoso**: (que habla normalmente y que tampoco lo reconoce, sorprendido). Sí. Siempre. ¿Por qué?
> **Lorenzo**: No, no. Decía. Yo ... yo estuve mucho tiempo mudo. Después me curé, con un susto. Ahora hablo de corrido. De chiquito tampoco hablaba. No sabía con quién.

El Sonriente: ¿Quién le pregunta algo?
Lorenzo: (voluntarioso). ¡Nadie! Felizmente, nadie me pregunta nada.
La tierra es libre. (Se embrolla). Nadie pregunta... Nadie... contesta...
Cuando hablamos es... cuando... (78).

Por supuesto, hay que insistir en que el sufrimiento de Lorenzo por la pérdida de Ignacio, no llega a "rectificar" la ruptura en el circuito del discurso que vemos operante desde la apertura de la obra. Bien que Lorenzo confiese cómo Ignacio le hace falta, y aunque sea un hombre cambiado, en el sentido de que habla con la verdadera voz de su alma, el hecho de que ha destruido, irremediablemente, el objeto de su habla, significa que está condenado para siempre a un discurso vacuo: se habla a sí mismo porque ya no hay quien lo escuche.

Antes de la última escena de la obra, donde vemos a Lorenzo, en esencia, condenado para siempre a dirigirse a un Ignacio ausente y por ello un Ignacio que no oye, lo vemos entregado a una búsqueda ritual del hombre que él mismo denunció a la policía, condenándolo a muerte. Lorenzo aparece tres veces disfrazado, preguntando por Ignacio: una vez como judío talmúdico (69-70), otra como ciego (72-73), y finalmente como revendedor ambulante (76-77). Todos estos disfraces representan parias sociales, tal vez porque deben señalar los esfuerzos de Lorenzo por penetrar el fondo de la degradación a la que ha consignado su otro yo:

(Entra Lorenzo arrastrando un carrito de mano, lleno de cachivaches. Al pasar delante del viejo, se le cae un mango con un resto de escoba. El viejo se lo apropia ávidamente y sin levantarse, siempre moviendo los pies para evitar el agua, se va arrastrando hasta el extremo opuesto del cordón, donde empieza a raspar la alcantarilla, muy contento, casi febril. Lorenzo se ha rapado completamente la cabeza, tiene un traje a rayas y un pañuelo a pintitas en el cuello. Recuerda vagamente a un preso de un campo de concentración, aunque su aspecto es mucho más saludable. Se detiene y mira ansiosamente la cárcel).
Lorenzo (muy bajo, casi inaudiblemente). ¡Ignacio ...! (Se inclina acomodándose una zapatilla y llama, con la vista clavada en el suelo, y un hilo de voz). ¡Ignacio ...! (Breve pausa. Con zozobra). Pero no vayas a llamarme por mi nombre, idiota. No me comprometas. Sólo me intereso por tu salud. No me comprometas: mal de muchos, consuelo de tontos. (76).

Los dos actos de *Los siameses* abren y cierran con Lorenzo solo en el escenario. A solas, Lorenzo finge hablar a Ignacio, se habla a sí mismo, y, en último término, busca futilmente recuperar a Ignacio como el objeto de su habla. Es significativo que Lorenzo jamás se quede callado: solo o acompañado en el escenario, es él quien impone su voz y quien controla la conversación del momento. Aunque la pantomima y otras formas del gesto teatral mudo podrían prevalecer en un teatro experimental que pretenda subordinar el lenguaje a la presencia física total en el escenario, *Los siameses* proyecta el lenguaje en primer plano. Pero esta puesta en primer plano no es ni la recuperación de la primacía ni la eficacia de la palabra. No es, tampoco, la típica insistencia del teatro del absurdo en la invalidez del lenguaje. En cambio, el lenguaje en *Los siameses* se coloca en primer plano precisamente porque constituye un instrumento para la interacción social, y el lenguaje funciona progresivamente para imponer el control degradando la igualdad del discurso humano, para así traicionar gracias al potencial del lenguaje de falsificar, y, mediante la imposibilidad radical del discurso. El lenguaje en *Los siameses* sirve como correlato explícito de, primero, el asombroso autoodio que tiene el hombre, y segundo, del grado de aislamiento al que él mismo se condena inapelablemente.

El empleo apropiadamente semiótico del lenguaje nunca puede se sociolingüísticamente neutro, y es cuestionable si las estructuras lingüísticas que no se usan para efectuar, por lo menos, algún tipo de función significante, pueden seguir llamándose "lenguaje" en un sentido exacto de la palabra. Por consiguiente, sería erróneo insistir en que, aunque *Los siameses* es una obra teatral basada en un texto literario, la manera en que se emplea el lenguaje en la obra carece de importancia. Sin embargo, sí hay que trazar una distinción fundamental entre el lenguaje visto como registros de estilo y el lenguaje visto como un problema especial del cual se ocupa metalingüísticamente una obra. En este sentido, los marcadores estilísticos de una obra son, a su vez, manifestaciones de aquella preocupación metalingüística.

Por ejemplo, un rasgo estilístico que se desprende en seguida en *Los siameses*, es el uso del *tú* en lugar del pronombre argentino más standard, el *vos*.[12] Se ha mantenido que este rasgo sirve para "universalizar" la obra, pues aunque el *tuteo* no sea más estadísticamente prevalente que el *voseo*, representa el estandard más culto y académico –y de ahí más "internacional"–. Sin embargo, tal situación crea un problema irresoluble desde el

---

12 Sobre el voseo en la literatura argentina, ver Gregorio de Mac. Gambaro ha opinado que se
     valió del tú en *Los siameses* y otros textos tempranos para recalcar la ridiculez de las situa-
     ciones que retratan, fundamentándose en cómo el *tú*, para un argentino, suena fundamental-
     mente falso y ridículo en boca de personajes que, por otras características, son identificables
     como argentinos (Roster 33).

punto de vista sociolingüístico: aunque el tuteo desmiente la argentinidad de la obra, hay abundantes marcadores léxicos que señalan el punto de referencia dialectal de Gambaro (por ejemplo, la frase argentina *estamos fritos*). Debido a todo esto, es difícil comprender cómo esta desviación lingüístico-dialectal, aparentemente esporádica, pueda universalizar una obra: Ibsen en inglés, sigue siendo antes que nada, reconocido como dramaturgo noruego que trató ciertos problemas inmediatamente evidentes en su ambiente sociohistórico, y lo mismo se podría decir de Shakespeare en castellano. Sólo el público más desatento pasaría por alto el hecho de que Gambaro es argentina, y que su obra fue escrita para ser representada en la Argentina, ante argentinos en, por los menos, una primera instancia. Es más, en otras obras Gambaro no evita el voseo, que se ha convertido en el estándar en las obras literarias argentinas, salvo en la poesía, cuyos marcadores lingüísticos siempre han tenido una relación marginal con el estándar coloquial. ¿Por qué el tuteo en *Los siameses?* Hay dos maneras de contestar este tipo de pregunta, una en términos de las intenciones y otra desde una perspectiva semiológica. Es decir, podemos formular una respuesta a la pregunta a base de lo que sabemos o lo que suponemos de por qué la autora hizo tal elección,[13] y sería totalmente posible que Gambaro creyera ingenuamente que tal elección universalizaría su obra (olvidándose del sintético axioma del doctor Higgins: "En el momento de hablar un inglés, hace que otro lo odie"). Tal elección se basaría en la idea, extensamente desacreditada, de que la literatura puede valerse de un dialecto sociolingüísticamente neutro, o que el lenguaje del teatro puede ser socioculturalmente independiente del ambiente evocado por el conjunto de los elementos de la puesta teatral, los cuales, salvo que sean suficientemente abstractos, no pueden dejar de evocar una determinada nacionalidad general.

Pero la pregunta podría ser contestada de otra forma, desde un enfoque esencialmente fenomenológico: ¿cómo impacta en nuestra percepción de la obra como una totalidad estructural? He sugerido que, en un sentido inmediato, hay un desajuste entre el tuteo, poco argentino, y otros rasgos típicamente argentinos de la obra como una totalidad estructural (ciertos coloquialismos y una "argentinidad" general que envuelve a actores y ambiente, su estilo de vida y alusiones a puntos externos de referencia, y, finalmente, el simple hecho de que el público sabe que Gambaro es argentina). Aunque no pediría basarse en estos hechos para insistir en que Gambaro peca de incongruencia estilística, sugiero que veamos el tuteo no como

---

13 Ramos Foster menciona el "voseo" y el rechazo del mismo, como una evasión de la realidad y la cultura argentina inmediatas.

la (equivocada) tentativa de lograr universalidad ni como un error estilístico, sino como un rasgo de la enajenación general que proyecta la obra. Esta
evaluación es más fenomenológica en el sentido de que propone pasar por
alto la justificación explícita o potencial que pudiera dar Gambaro, para
medir la autonomía y la uniformidad estructurales de la obra. Visto así, el
tuteo en *Los siameses* funciona junto con la inaceptable subversión o degradación de las relaciones de discursos convencionales, para llamar la atención del público a la distancia que los separa, como seres "normales", del
comportamiento anormal y espantoso que presencian en el escenario. O,
desde un punto de vista un poco distinto, el tuteo en la obra recalca cómo
la obra trata no la ilusión de un comportamiento verdadero, sino una hipó-
tesis teatral que abstrae y concentra ciertos aspectos de la situación humana. El hecho de que aquella situación quiere decir la manipulación de las
relaciones sociales y emocionales, a través del empleo inapropiado del lenguaje, sólo sirve para poner de relieve, como es lógico, el hecho de que el
lenguaje de la obra, como modelo de discurso coloquial entre los dos personajes principales, sea "destemplado". Por ser sólo parcialmente coloquial,
el lenguaje de la obra da la tónica de ésta como un contexto anormal y
fuera de lo común, un contexto donde la misma naturaleza del lenguaje se
vuelve, a su vez, instrumento de degradación y humillación.

Edson Bueno y su versión de *Caín* (1821) de Lord Byron

Indudablemente, como se acaba de ver, uno de los casos más descollantes de ruptura profunda en la conjunción espacio-lenguaje ocurre en los
años 60 en las primeras obras de Griselda Gambaro. Los diálogos gambaria-
nos tensados en el, para el porteño, enajenante *tú* constituyen una desviación tan radical para el teatro argentino como la incursión del plebeyo y
coloquial *vos* en tiempos pasados, cuando la escena nacional logró hacer la
transición entre un teatro de pretendido corte universal y el proyecto de
auscultar la realidad histórica argentina. Ya formulé en otra parte algunas
propuestas sobre el impacto, tanto entre los personajes como entre ellos y
el público, de la presencia de este pronombre en obras como *Los siameses*
o *El desatino*, piezas en las que el *tú* no coloquial se mezcla, sin embargo,
con otros elementos marcados del sociolecto porteño, y no viene al caso
repetirlas aquí. Baste, sin embargo, recordar este detalle morfológico y las
enormes implicancias que arroja para entender el espacio vivencial en el
que se plasma, se recorta entre, por un lado, el teatro neorrealista al estilo
de Cossa/Talesnik/Somigliana/Gorostiza, en en que los diálogos pretenden
alcanzar un máximo grado de autenticidad popular, y los psicodramas docu-

mentales al estilo de Pavlovsky/Gentile/Monti/Esteve, en los cuales los deli-
rios de paradigmáticos seres alienados funcionan como indicios de una historia nacional cotidiana y, por ende, inmediatamente palpable a todo nivel,
incluyendo el lingüístico. De más está decir que los textos de Gambaro se
alinean con el segundo grupo y mucha de la crítica sobre ellos hace hincapié
en los mecanismos de la colectividad nacional. Y el detalle del *tú*, mucho
menos que "universalizarlos", les confiere un distanciamiento del espectador que no es del caso en las imponentes radiografías de los otros, donde
precisamente se trata de hacer eco de toda una gama de discursos cotidianos con sus justos toques socioestilísticos –lo cual, incluye, por supuesto
toda la fuerza del *vos* vocativo–.

Pero lo que quisiera explorar en este momento es otra configuración de
esta cuestión de la intersección entre varias posibilidades sociolingüísticas
del sistema de pronombres verbales y el espacio escénico, y lo quiero hacer
en el contexto de permitirme la audacia de hablar de otro teatro latinoamericano, el brasileño, y de una obra de teatro extranjero en traducción al
portugués del Brasil. Se trata de la puesta en escena realizada por Edson
Bueno de *Caín*, del inglés Lord Byron, en un festival de teatro llevado a
cabo en la novísima Ópera de Arame en Curitiba en marzo de 1992, puesta
después llevada a una de las salas del Teatro Guaira de la misma ciudad.
Byron publicó su obra en 1821 con la que provocó tal escándalo por su
interpretación de una aparente justificación para la conducta de Caín al
matar a Abel, que su editor casi llegó a ser procesado por desacato moral y
el mismo poeta se vio en la obligación de declarar que "las opiniones de
Caín y Lucifer no eran necesariamente las del autor".

Caim, por usar su título en la versión de Edson Bueno, se divide en dos
actos. El primero recrea todo el ambiente de los grandes espectáculos bíblicos, y es evidente que el director se valió de las propuestas de Hollywood al
filmar este género narrativo, y al mismo tiempo que las evoca hay algo de
sátira, entendiendo que todo espectador tendrá en mente, si no los cromos
de los manuales de instrucción religiosa, las imágenes de Charlton Heston,
MGM y compañía. Este acto gira en torno a la catequesis de Caín por Lucifer y la representación prefigurada ante él de las consecuencias de su adhe-
sión a las doctrinas del Príncipe de las Tinieblas. Se enfoca en las relaciones
de rebeldía entre Caín y su familia –tanto el autoritarismo de su padre
como la obsecuencia de su hermano ante Jehová– y la urgencia que siente
de evadir la carga moral y física que se le impuso después de la caída de sus
padres. Incapaz de resolver en su fuero interior, como puede su hermano,
el conflicto generado por la cadena semántica pecado–> autoritarismo–>
sufrimiento corporal, Caín se vuelve presa fácil de los encantos de Lucifer.

El segundo acto de *Caim* es la representación de la caída del prota-

gonista dentro del decaimiento de la estirpe de sus padres. Mandado de
vuelta a la tierra por Lucifer, entiende que las seducciones de éste descansan en quimeras que nada tienen que ver con la progresiva degradación del
ser humano; y su frustración y rebeldía multiplicadas a una nueva potencia
lo llevan a cumplir con las prefiguraciones de Lucifer: una vez que ha abju-
rado de Jehová, maldice a su familia, mata a su hermano, se unge a sí
mismo con la sangre de Abel e instala definitivamente sobre la faz de la
tierra una condenada estirpe humana. Mientras que el primer acto de la
versión de Edson Bueno es casi una recreación de las historietas cinemato-
gráficas de las leyendas judeo-cristianas, el segundo concretiza los porme-
nores de la pestilencia de la condición humana. No sólo cubre el escenario
una densa capa de ceniza, sino que esta contaminación ambiental produ-
cida por las llamas del infierno al que los personajes están confinados, les
llueve constantemente a lo largo del acto, de modo que los personajes no
pueden más que procurar sustentar su precaria vida hurgando entre la
detritis de la civilización, entre los escombros de este infecto terreno que,
quedará manifiesto, es un remedo no solamente de las favelas y villas mise-
rias de nuestra sociedad, sino también de los desgastados sectores urbanos
o céntricos de ella. Caín, en esta actualización de una repetida lectura figurati-
va de la historia de la fundación de humanidad, pasa de ser un antihéroe
bíblico a ser el protagonista de las crónicas policiales en la tierra de nadie
de la megalópolis contemporánea. Me apresuro a precisar que la versión de
Edson Bueno no presenta a Caín como un ratero asesino de la actualidad:
no es exactamente la relectura de la conjugación de Caín y Abel en la cloaca
urbana que presenciamos en *Dois perdidos numa noite suja* de Plínio Mar-
cos. Pero es innegable la transición entre los dos actos en cuanto a exponer
la segunda caída del entorno mítico de la Biblia a la historia material que
vive diariamente el hombre moderno.

Ahora bien, toda la exposición anterior tiene como propósito contex-
tualizar una importante dimensión lingüística de la versión de Edson Bueno
del drama de Lord Byron, que es, precisamente, la estratégica alternancia
entre dos de las opciones en el portugués brasileño para la segunda persona singular. En realidad, dicho dialecto del portugués presenta una triangulación entre tres posibilidades: *Vos, tu* y *você*. El primero, que comparte una
norma transnacional de todos los dialectos del idioma, se reserva, en un
uso fosilizado, para dirigirse a las personas de la Santa Trinidad en los
textos bíblicos, litúrgicos y de culto religioso en general, y es por eso que
siempre aparece con letra mayúscula; las formas verbales correspondientes
son las de la segunda persona plural. Este uso es coextensivo con el antiguo
valor honorífico del *vos* en español, como también del *voi* del italiano, el
vous del francés y el *you* del inglés en sus acepciones honoríficas y forma-

les. Por consiguiente, este pronombre no aparece en el lenguaje coloquial o sólo podría aparecer con un valor irónico o burlesco/profanante. En *Caim*, es importante señalar que no se invoca a Dios –o Jehová– y por ello, *Vos* no aparece en el texto.

A lo largo del primer acto de *Caim* en la traducción de Edson Bueno, sin embargo, lo que sí prevalece es el *tu* (cuando en el original byroniano sólo se usa el *thou* arcaico, con su igualmente arcaica forma plural *ye*). Este pronombre se conjuga con las apropiadas formas verbales de la segunda persona singular en un panorama morfológico esencialmente igual a los paradigmas del español. Sin embargo, el *tu* no es una forma coloquial en el Brasil. Aunque se conservan ciertos usos de formas del paradigma verbal del *tu* y ciertos usos de complementos y posesivos de la declinación de este pronombre, el pronombre como tal se limita, esencialmente, a los mismos contextos (excepción hecha de los religiosos) donde el *tú* se encontraría en el lenguaje porteño: en algún alto registro epistolar, ciertas ocasiones marcadamente estilizadas y en el discurso poético lírico y anticoloquial. El impacto del *tu* que impone Edson Bueno en el primer acto del drama de Byron es la confirmación del espacio mítico, de la remota era bíblica, de los albores de la tragedia humana y el inalcanzable momento de una serie de actos a los que no podemos acceder para modificarlos, a pesar de que nos condenan para siempre en la avalancha histórica que siempre se nos está viniendo encima. Este *tu* no habla únicamente de lo que nos es ajeno en el tiempo, sino también en el espacio, pues se trata, para los latinoamericanos que ven esta obra de Byron volcada teatralmente al ambiente brasileño, de algo que condena a través de un *proceso de traslación* entre dos mundos en el proceso de la conquista.

Esta traslación se vuelve patente en el segundo acto. Ya mencioné que el mundo de la caída del ser humano elevado a la segunda potencia de su descenso en la actualidad, descenso que Caín confirma con el asesinato de su hermano, queda manifiesto en la representación teatral en la contaminación ambiental de nuestra sociedad y la proliferación geométrica de los escombros de la civilización. Coadyuvante lingüístico de esta contextualización es el pronombre coloquial de la caída, el *você* cotidiano del portugués brasileño. Hay que recordar que, en el portugués peninsular *você* es formal, siendo cognado de *vuesa merced* o el *usted* en español. Pero en su "caída en América", este pronombre llega, como el *vos* americano, a desplazar al *tu* culto y hoy en día es la única forma familiar que se conoce en la mayoría del país, especialmente en los sectores urbanos; en este sentido tiene algún parentesco con el *usted* archifamiliar que se conoce en la zona andina, por ejemplo. El pronombre formal del portugués brasileño, equivalente al uso fundamental del *usted* del español, es *o sen-*

hor (y su forma femenina, *a senhora*), pero la distribución de este uso es mucho más reducida que la de *usted*, aun en comparación con los dialectos del español donde hay cierta desaforada tendencia a la familiaridad. Lo que todo esto quiere decir, es que si el segundo acto de *Caim* se tensa sobre la dominación del pronombre *você*, se trata tanto de la caída de la familia de Adán y Eva del reino mítico al mundo de la historia material, como de su caída también en el mundo de América, el aquí y el ahora del espectador. La materialidad de este mundo queda plasmada teatralmente por la contaminación ambiental, por los deshechos de su espacio vivido y por la futilidad de sus faenas cotidianas que son la proyección a la enésima potencia del tormento contra el que Caín se rebeló originalmente. Y queda esta materialidad lingüísticamente confirmada por el remache del *você* coloquial que desplaza definitivamente al remoto *tu* bíblico. En este sentido la conjugación de pronombres en la versión de Edson Bueno del drama de Lord Byron extiende de una manera notable el juego insinuado por el teatro de Gambaro.

Quíntuples de Luis Rafael Sánchez o la doble marginalidad de Puerto Rico

Puerto Rico es un caso único en América Latina. Zona singular del antiguo imperio español, la isla no es, por decirlo en buen criollo, ni chicha ni limonada: no forma parte de Estados Unidos ni tiene independencia nacional. Llamado oficialmente Estado Libre Asociado, no cumple, según el decir popular, con ninguna de estas calificaciones. Entre muchas consecuencias para la cultura de dicho país (como se suele decir, con perdón de la acepción legítima de la palabra), habría que hacer hincapié en la cuestión de la lengua. Si dicha cuestión existe como preocupación nuclear para las sociedades latinoamericanas en general, en el caso de Puerto Rico se vuelve realmente una obsesión. No es que Puerto Rico sea el único sector de América Latina susceptible de influencias extranjeras: toda la historia sociolingüística de América Latina, sea enfocada desde la perspectiva del sustrato indígena, sea enfocada desde las sucesivas oleadas inmigratorias (negras, judías, italianas y orientales), o enfocada desde la ideología de la deshispanización del continente como parte del proceso de independización del cadáver español, tiende a arrojar un panorama complicadísimo de la intersección de una norma culta castellana y múltiples opciones idiomáticas contestatarias: en el momento actual, el peso del inglés norteamericano se hace sentir a lo largo del continente, y de una manera que trasciende lo meramente léxico: si se tratase solamente de repudiar palabras adoptadas y calcadas del inglés, el sueño de los vigilantes del idioma sería mucho más liviano de lo que es, porque más influyen en este momento ciertos paradigmas discursivos de los sociolectos norteamericanos que vocablos aislados.

En el caso de Puerto Rico, reducto colonial donde el odio contra el godo imperial pronto se tradujo, tras la debacle de 1898, en una mitificación de todo lo español como baluarte contra la invasión yanqui, el proceso transcultural asume dimensiones realmente siniestras, hasta dar con una situación en la cual existe una literatura puertorriqueña más papista que el papa al lado de un decir coloquial en el que el influjo del inglés ya triunfó definitiva e inapelablemente. Si la literatura escrita da cuenta de tal transculturación, es apenas un indicio mínimo de un proceso en el cual la inserción de Puerto Rico en el ambiente norteamericano se lleva todo por delante, en el fuero lingüístico, en la axiología cultural, y en las mismísimas condiciones del vivir cotidiano.

Uno de los escritores puertorriqueños más sobresalientes en cronicar este proceso es Luis Rafael Sánchez. En tanto habrá otros escritores que harán lo imposible por mantener una imagen de la isla como engarzada dentro de un proceso cultural panhispánico, latinoamericano, Sánchez acepta, con todo el pesar de los *tristes tropiques*, el hecho de que su país está irremediablemente inscripto dentro del fuero avallasador de Estados Unidos. Tal es el sentido de la novela que le mereció fama internacional y cuya primera edición, con muchas subsiguientes reimpresiones, le correspondió a Ediciones de la Flor de Buenos Aires: *La guaracha del Macho Camacho*, novela que asienta de una vez por todas las bases de la transculturación de Puerto Rico y del superego de la cultura norteamericana que no permite más que la trivialización de todo culturema autóctono. Sánchez procuró dar una alternativa a esta trivialización en una novela magistral, *La importancia de ser Daniel Santos*, sobre el machísimo bolerista nacional que sedujo con sus canciones tanto a hombres como a mujeres en aras de una panérotica cultura condenada a la nostalgia. Pero el saldo de este esfuerzo encomiable no puede ser más que la radiografía de una sociedad consignada a la marginación: Puerto Rico es tan marginal dentro de América Latina como lo es dentro de Estado Unidos. Esta condición le dará cierto maravilloso matiz trágico a su expresión cultural, pero quiere decir al mismo tiempo que no tiene salvación dentro de ninguna concepción ideológica vigente.

Las consecuencias del tal drama sociocultural no se hicieron esperar en el contexto teatral. Sánchez cuenta en su haber con una obra como *La pasión según Antígona Pérez*, un texto que enriquece la bibliografía latinoamericana sobre la trágica figura prototípica del teatro clásico. Pero la obra en la que quisiera hacer hincapié aquí es *Quíntuples* (1985), texto que, como muchos de los de Sánchez, no se ha publicado en Puerto Rico debido a su escandaloso repudio de los sagrados mitemas de la cultura "decente" de su país. *Quíntuples* se tensa sobre la base de seis escenas que son sendos monólogos de los miembros de la familia Morrison: los cinco hermanos gemelos y, como broche de oro, "El Gran Divo Papá Morrison", quien "habla de la imaginación y sus efectos", verdadero monólogo meta-teatral en el que reflexiona retrospectivamente sobre los cinco monólogos anteriores de sus lamentables e histéricos vástagos. Partiendo de la postulación de una familia de engendros dramáticos, tan patéticos como elocuentes, que se caracterizan por igual, no tanto por su orfandad de madre (lo latinoamericano) como por su tajante adscripción patriarcal (el Gran Divo Papá) –al mismo tiempo que la ley sagrada del padre es de paradigmático apellido norteamericano– *Quíntuples* radiografía en el espacio escénico la degeneración de la dignidad personal y colectiva en una sociedad irredenta. Cada uno de los hijos de Papá Morrison –tres "mujercitas" y dos "varones"– vehiculiza perspectivas complementarias sobre el desgaste sociocultural de la experiencia isleña.

Lo que interesa a los efectos de la investigación presente no es la degeneración lingüística que puedan atestiguar los seis personajes pirandellianos de Sánchez –en efecto, su español suele ser castizo, en radical oposición a los registros cotidianos de la isla– sino la manera en que cada uno de ellos pasa a ocupar el espacio privilegiado del reflector para monologar sobre la desvastación de los procesos históricos de los cuales ha sido víctima paradigmática. En este sentido, lo que interesa es menos la sustancia lingüística, sea coloquial o transnacional, que la materialidad de una personal actitud "estilística" que hace resentir lo específicamente puertorriqueño en su transición hacia la dimensión trágica de la pérdida de su identidad. Nadie más patético en este sentido que el hijo Mandrake el Mago, remedo del personaje de historieta y malogrado engendro del fálico padre rector (quien, sin embargo, pronuncia su monólogo desde la silla de ruedas de su autoridad menoscabada):

> ¡Ya empecé a improvisar! Así es cómo se improvisa, inventando las peripecias sobre la marcha, dejando que el cuento se construya a sí mismo, ajustando un nudo que amarro regularmente, reservando el buen golpe que deja aturdido a quien escucha, observa y se interesa. ¡El cuento no es el cuento! El cuento es quien lo cuenta. Mandrake Morrison. Mandrake el Mago, como quieren sustantivarme. Ifigenio Dos está prohibido sustantivarme. Un desliz de Papá Morrison que hace rato perdoné. Si no es para perdonar y para que perdonen a uno, ¿para qué mmmmmiércoles se vive? Primero vamos a los titulares. Dafne Morrison chacharea en el bar de al lado. Baby Morrison prosigue su viaje

hacia un gato llamado Gallo Pelón. Bianca Morrison fuma, fuma, fuma, mientras Papá Morrison intenta convencerla de que no fume, de que no fume, de que no fume. Carlota Morrison no aparece ni en los centros espirtistas. Lo que implica que Dafne Morrison no se ha quitado su exagerado traje que se avecina a la indecencia aunque no la rosa por si acaso, a lo mejor, quién sabe, quizás, quizás, quizás, como dice la canción que canta Toña la Negra, tiene que seguir, exageradamente, entreteniéndolos. Y ahora a las noticias en detalle. Le di un beso en la mejilla a Dafne Morrison cuando salía hacia el bar de al lado y la piropé: Ya quisiera la Diana Ross para sus días festivos ser tan linda como tú. [...] Hay que mostrarle ternura a las hermanas. A Baby Morrison lo agarré por las solapas y le dije: Baby Morrison, ¿por qué eres un monstruo tan mierdísimo?, ¿por qué no eres un monstruo honorable como el Conde Drácula que desaparece en la maleza vuelto lobo?, ¿por qué no eres tan sutil como Frankenstein? Hay que mostrarle rigor a los hermanos. A Bianca Morrison le informé: Bianca Morrison, a ti no sé decirte nada. Hay que mostrarle compasión a las hermanas. [...] ¿Y yo? ¿Qué digo yo de mí? ¿Qué titulares míos adelanto? [...] Los titulares son muy importantes estos días. Pero, no tanto como la gramática. (45-51)

El lexema operante en el delirio de Mandrake del Mago sobre la identidad personal y colectiva es *sustantivar*: cómo rotular a los fenómenos vitales, no solamente para que cobren vida delante de nuestros ojos en su plasmación teatral, sino para que tengan sentido dentro de una estructura sociohistórica. En el caso de Puerto Rico, pareciera evidente que las coordenadas de la cultura, tal como se pone de manifiesto en una secuencia monológica como lo es *Quíntuples*, no puede ser más que el pastiche internacionalizante: la familia Morrison es paradigmáticamente boricua en la medida en que *no* tiene en ningún momento que evocar la cotidiana experiencia vital de la isla: la alusión a la cultura transnacional, la evocación de los puntos de referencia en la cultura popular anglo-norteamericana, la consagración del ser dentro de los parámetros de experiencia sofisticada que nada tiene que ver con la realidad nacional, todo se vuelve más puertorriqueño que la referencia concreta. Borges diría que no hay nada más árabe que el Al-Corán, pues no menciona una sola vez la realidad diaria del camello, y no hay nada más argentino que aquella cultura nacional que evita hablar de arrabales y orilleros. De la misma manera, no habrá nada más puertorriqueño que este texto de Sánchez, donde los monólogos de los Baby y los Mandrakes, de las Dafnes y las Biancas —monólogos que marcan contundentemente la suspensión del circuito discursivo interpersonal que habrá que constituir una de las bases solidificantes de una identidad social– no descienden una sola vez hasta la convocación del fango cotidiano, de lo soez real que Sánchez tan elocuentemente ha sabido defender en un ensayo nuclear. La trascendencia hacia el escenario internacional, la inscripción en una cultura que no queda manchada en ninguno de sus parámetros semánticos por la mezquina realidad isleña, termina siendo el discurso más paradigmáticamente puertorriqueño de todos: "No pude más, no pude más, no pude más" (77).

REFERENCIAS

Acuña, Rodolfo. *Occupied America; A History of Chicanos*. New York: Harper & Row, 1988.

Albuquerque, Severino João. *Violent Acts; A Study of Contemporary Latin American Theatre*. Detroit: Wayne Stae University Press, 1991.

Amastae, Jon, and Lucía Elías-Olivares. "Attitudes toward Varieties of Spanish". 286-302. *The Fourth LACUS Forum, 1977*. Michel Paradis, ed. Columbia, SC: Hornbeam Press, 1978.

Anderson Imbert, Enrique. *Análisis de "Fausto"*. Buenos Aires: Centro Editor de América Latina, 1968.

Barker, George C. *Social Functions of Language in a Mexican-American Community*. Tucson: University of Arizona Press, 1972.

Barthes, Roland. *S/Z*. New York: Hill and Wang, 1974.

Bow, Leslie. "Hole to Whole: Feminine Subversion and the Feminine in Cherríe Moraga's *Loving in the War Years*". *Dispositio* 41 (1991): 1-12.

Bruce-Novoa, Juan. "Chicanos in Mexican Literature". 63-74. *Retrospace; Collected Essays on Chicano Literature, Theory and Practice*. Houston: Arte Público Press, 1990.

Bueno, Edison. Adaptación de *Cain* de Lord Byron. Inédito. 1992.

Byron, George Gordon Noel, lord. *The Poems & Plays of Lord Byron*. London: J. M. Dent, 1910. *Cain*, 3.437-476.

Carballido, Emilio. "Griselda Gambaro o los modos de hacernos pensar en la manzana". *Revista Iberoamericana* 73 (1970), 629-634.

Cárdenas, Isabel Laura. *Ramona y el robot; el servicio doméstico en barrios prestigiosos de Buenos Aires (1895-1985)*. Buenos Aires: Ediciones Búsqueda, 1986.

Carranza, Eliú. "The Gorkase Mirror". 223-234. *The Chicano: Mexican American Voices*. Ed. Ludwig, and James Santibañez. eds. Baltimore:

Penguin Books, 1971.

Castañeda Schular, Antonia et al. *Literatura chicana; texto y contexto*. Englewood Cliffs, N.J.: Prentice-Hall, 1972.

Cossa, Roberto. *Gris de ausencia*. 11-27. *7 dramaturgos argentinos; antología del teatro hispanoamericano del siglo XX*. Ottawa: Girol, 1983.

Cruz, Jorge. *Genio y figura de Florencio Sánchez*. Buenos Aires: Editorial Universitaria de Buenos Aires, 1966.

Cypess, Sandra Messinger. "The Plays of Griselda Gambaro". 95-109. *Dramatists in Revolt, The New Latin American Theater*. Leon F. Lyday y George W. Woodyard, eds. Austin: University of Texas Press, 1976).

Debesa, Fernando. *Fernando Debesa [¿Quién soy?]*. Santiago de Chile: Agrupación Amigos del Libro, 1980.

Debesa, Fernando. *Mama Rosa*. 105-222. *Teatro chileno contemporáneo*. Madrid: Fondo de Cultura Económica; Centro de Documentación Teatral, 1992.

Discépolo, Armando. *Babilonia*. 363-397. *Teatro rioplatense (1886-1930)*. Prólogo, David Viñas. Selección y cronología, Jorge Lafforgue. Madrid: Biblioteca Ayacucho, 1977.

Elam,Keir. *The Semitoics of Theatre and Drama*. London: Methuen, 1980.

Fernández, Francisco. *Los negros catedráticos*. 59-129. Matías Montes Huidobro, *Teoría y práctica del catedratismo en* Los negros catedráticos *de Francisco Fernández*. Miami: Editorial Persona, 1987.

Fischer-Lichte, Erika. "The Dramatic Dialogue—Oral or Literary Communication?" 137-173. *Semiotics of Drama and Theatre; New Perspectives in the Theory of Drama and Theatre*. Amsterdam: John Benjamins Publishing Company, 1984.

Flores, Lauro. "Converging Languages in a Word of Conflicts: Code-Switching in Chicano Poetry". *Visible Language* 21.1 (1987): 130-152.

Foster, David William. *Cultural Diversity in Latin American Literature*. Albuquerque: University of New Mexico Press, 1994.

Foster, David William. "El lenguaje coloquial como elemento constitutivo del teatro de la crueldad en *Círculo vicioso* de José Agustín". 125-137. *Estudios sobre teatro mexicano contemporáneo; semiología de la competencia teatral*. New York: Peter Lang, 1984.

Foster, David William. "Strategies for Communicational Rupture in Sam Shepard's *La turista*". *Lenguas modernas* 8 (1981): 23-31.

Gambaro, Griselda. *Los siameses*. Buenos Aires: Insurrexit, 1967.

Gómez-Peña, Guillermo. *Border Brujo. Warrior for Gringostroika; Essays, Performance Texts, and Poetry*. Introduction by Roger Bartra. 75-95.

Graña, María Cecilia. "Buenos Aires en la imaginación del 80. El teatro como paradigma". *Letterature d'America* 4.16 (Winter 1983): 89-121.

Gregorio de Mac, María Isabel. *El voseo en la literatura argentina.* Rosario: Universidad Nacional del Litoral, Facultad de Filosofía y Letras, Instituto de Letras, 1967.

Hicks, D. Emily. *Border Writing; the Multidimensional Text.* Minneapolis: University of Minnesota Press, 1991.

Irizarry, Richard V. *Ariano.* 167-226. *Recent Puerto Rican Theater; Five Plays from New York.* Ed. by John Antush. Houston: Arte Público Press, 1991.

Jameson, Fredric. *The Prison House of Language.* Princeton, N.J.: Princeton University Press, 1972.

Koike, Dale April. "Code Switching in the Bilingual Chicano Narrative". *Hispania* 70.1 (1987): 148-154.

Lipski, John M. *Linguistic Aspects of Spanish-English Language Switching.* Tempe: Arizona State University, Center for Latin American Studies, 1985.

Maciel, David. *La clase obrera en la historia de México: al norte del río bravo (pasado inmediato) (1930-1981).* México, D.F.: Siglo XXI, 1981.

Madrid-Barela, Arturo. "In Search of the Authentic Pachuco". *Aztlan* 4.2 (Spring 1973): 31-62.

Manzi, Homero. *Discépolo.* Buenos Aires: Cuadernos de Crisis, 1973.

Manzor-Coats. "'Who Are You, Anyways?': Gender, Racial and Linguistic Politics in U.S. Cuban Theater". *Gestos* 6.11 (1991): 163-174.

Montes Huidobro, Matías. *Teoría y práctica del catedratismo en Los negros catedráticos de Francisco Fernández.* Miami: Editorial Persona, 1987.

Moraga, Cherríe. *Giving Up the Ghost; Teatro in Two Acts.* Los Angeles: West End Press, 1986.

Moraga, Cherríe. *Loving in the War Years: Lo que nunca pasó por sus labios.* Boston: South End, 1983.

Oliveira, Juca de. *Meno male!* São Paulo: Editora Scipione, 1989.

Onega, Gladys. *La inmigración en la literatura argentina. 1880-1910.* Buenos Aires: Galerna, 1969.

Paz, Octavio. *El laberinto de la soledad.* 7a ed. México, D.F.: Fondo de Cultura Económica, 1969.

Pfaff, Carol W., y Laura Chávez. "Spanish-English Code-Switching: Literary Reflections of Natural Discourse". 229-254. *Missions in Conflict: Essays on U.S.-Mexican Relations and Chicano Culture.* Ed. por Renate von Bardeleben y Juan Bruce-Novoa. Tübingen: Narr, 1986.

Pozenato, José Clemente. "A literatura da imigração italiana". 225-231.

Imigração italiana; estudos. Porto Alegre: Escola Superior de Teo-
    logia São Lourenço de Brindes; Caxias do Sul: Universidade de Ca-
    xias do Sul, 1979.

Ramírez, Manuel D. "Florencio Sánchez and His Social Consciousness of
    the River Plate Region". *Journal of Inter-American Studies* 8 (1966):
    585-594.

Ramos Foster, Virginia. "The Buenos Aires Theater, 1966-67". *Latin America
    Theatre Review* 4.1 (1971): 5-11.

Robles, J. Humberto. *Los desarraigados.* México, D.F.: Instituto Nacional
    de Bellas Artes, Departamento de Literatura, 1956.

Roster, Peter. "Griselda Gambaro: la difícil perfección." 21-37. Griselda
    Gambaro, *Teatro: Nada que ver. Sucede lo que pasa.* Ottawa: Girol
    Books, 1983.

Sánchez, Florencio. *Teatro completo.* Buenos Aires: Claridad, 1953.

Sánchez, Luis Rafael. "Apuntación mínima de lo soez". 9-14. *Literature
    and Popular Culture in the Hispanic World; a Symposium.* Rose S.
    Minc, ed. Takoma Park, Md.: Hispamérica; Upper Montclair, N.J.:
    Montclair State College, 1981.

Sánchez, Luis Rafael. *Quíntuples.* Hanover, N.H.: Ediciones del Norte, 1985.

Sánchez, Rosaura. *Chicano Discourse: Socio-historic Perspectives.* Rowley:
    Newbury House, 1983.

Shapiro, Michael. "Language and Power: the Spaces of Critical Interpreta-
    tion". 1-17. Su *Reading the Postmodern Polity; Political Theory as
    Textual Practice.* Minneapolis: University of Minnesota Press, 1992.

Solórzano, Carlos. *Las manos de Dios.* En *El teatro hispanoamericano con-
    temporáneo.* México, D.F.: Fondo de Cultura Económica, 1964.
    2.301-358.

Sternbach, Nancy Saporta. "'A Deep Racial Memory of Love": The Chicana
    Feminism of Cherríe Moraga". 48-61. *Breaking Boundaries: Latina
    Writing and Critical Readings.* Ed. por Asunción Horno-Delgado.
    Amherst: University of Massachusetts Press, 1989.

Taylor, Diana. *Theatre of Crisis; Drama and Politics in Latin America.* Le-
    xington: University Press of Kentucky, 1991.

Toro, Fernando de. *Semiótica del teatro; del texto a la puesta en escena.*
    Buenos Aires: Editorial Galerna, 1987.

Valdés, Guadalupe. "The Language Situation of Mexican Americans". 111-
    139. *Language Diversity: Problem or Resource? A Social and Edu-
    cational Perspective on Language Priorities in the United States.* Ed.
    por Sandra Lee McKey y Cynthia Sau-Ling. Cambridge: Newberry
    House, 1988.

Valdez, Luis. *Zoot Suit.* 21-94. *Zoot Suit and Other Plays.* Houston: Arte

Público Press, 1992.

Viñas, David. "Florencio Sánchez y la revolución de los intelectuales". 138-162. *Literatura argentina y realidad política: apogeo de la oligarquía*. Buenos Aires: Siglo Veinte, 1975.

Weston, Kath. *Families We Choose: Lesbians, Gays, Kinship*. New York: Columbia University Press, 1991.

Yarbro-Bejarano, Yvonne. "Reclaiming the Lesbian Body: Cherríe Moraga's *Loving in the War Years*". *Out/Look* 12 (1991): 74-79.

INDICE

Prefacio 9

Capítulo I. La cuestión de la lengua en el teatro chicano
Los desarraigados, de J. Humberto Robles 13
El "code-switching" en *Zoot Suit*, de Luis Valdez 25
El teatro de Cherríe Moraga 34
El caso del teatro de Guillermo Gómez-Peña 41

**Capítulo II. Conflictos sociales y lingüísticos en el teatro
de inmigrantes**
Florencio Sánchez y *La gringa* 51
Barranca abajo y el mito gaucho 57
El espacio social en *Babilonia* de Armando Discépolo 60
Teatro Abierto '81: una cultura para la resistencia
(el caso de *Gris de ausencia*) 66
Meno male! de Juca de Oliveira y la inmigración
en el Brasil 71

Capítulo III. Prácticas discursivas ante los conflictos sociales
Los negros catedráticos (1868) de Francisco Fernández:
paradigma del teatro contestario de la cultura negra 77
Mama Rosa de Fernando Debesa: las relaciones amo-criado 82
Carlos Solórzano y *Las manos de Dios*: la degradación
del lenguaje 87
Griselda Gambaro, *Los siameses* y la inversión de
fenómenos humanos primordiales 99
Edson Bueno y su versión de *Caín* (1821) de Lord Byron 110
Quíntuples de Luis Rafael Sánchez o la doble marginalidad
de Puerto Rico 114

Referencias 119

Impreso en
A.B.R.N. Producciones Gráficas S.R.L.,
Wenceslao Villafañe 468,
Buenos Aires, Argentina,
en abril de 1998.